目指せ！合格！

家庭学習ガイド
国府台女子学院小学部

入試情報

応募者数：女子 141 名
出題形態：ペーパー、ノンペーパー
面　　接：保護者・志願者面接
出題領域：ペーパー（記憶、数量、図形、言語、常識など）、行動観察

入試対策

当校のペーパーテストでは、小学校受験としては若干難度の高い問題が出題されています。お話の記憶の問題では、お話の長さはそれほどでもありませんが、解答に迷うお子さまも多くいたようです。こうした問題に答えるためには、お話の流れをつかみ、「誰が」「何を」「どうした」といった「事実」覚えながらお話を聞く必要があります。本書でそのコツをつかんでください。
また、数量の問題では 10 以上の数が出題されています。10 まで数えることができるお子さまは多くいらっしゃるでしょうが、「数を言うことができる＝数を認識できる」ではありません。最初はおはじきなどの具体物を利用し、２つの集合の多少や、15 ～ 20 程度の数ならひと目でいくつあるかわかるレベルまで、数の感覚を高めていきましょう。

- 行動観察では、それほど難しい課題は出題されませんが、単純な指示や簡単な遊びほど、お子さま本来の姿が現れます。日頃の生活の中で、自分の考えを持ち、相手のことを考えるといった、基本的なコミュニケーションがとれるようにしていきましょう。
- 面接では、保護者には、志望動機、教育方針、子育ての悩みなど、志願者面接には、仲良しの友だちの名前、好きな遊び、大きくなったら何になりたいかなどの基本的な質問が中心です。

必要とされる力 ベスト6

チャートで早わかり！

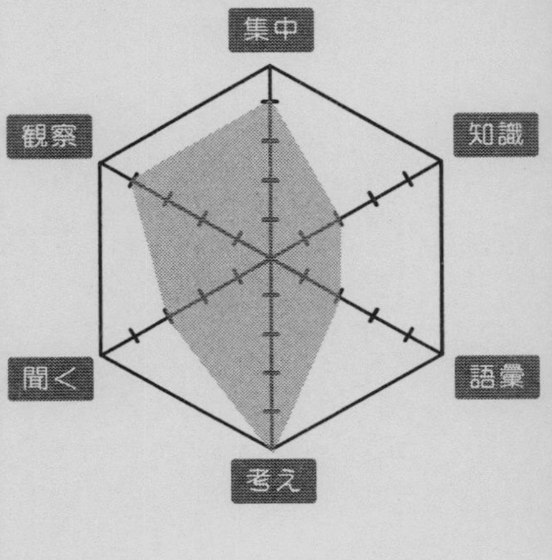

特に求められた力を集計し、左図にまとめました。
下図は各アイコンの説明です。

	アイコンの説明
集中	集　中　力…他のことに惑わされず１つのことに注意を向けて取り組む力
観察	観　察　力…２つのものの違いや詳細な部分に気付く力
聞く	聞　く　力…複雑な指示や長いお話を理解する力
考え	考える力…「～だから～だ」という思考ができる力
話す	話　す　力…自分の意志を伝え、人の意図を理解する力
語彙	語　彙　力…年齢相応の言葉を知っている力
創造	創　造　力…表現する力
公衆	公衆道徳…公衆場面におけるマナー、生活知識
知識	知　　識…動植物、季節、一般常識の知識
協調	協　調　性…集団行動の中で、積極的かつ他人を思いやって行動する力

※各「力」の詳しい学習方法などは、ホームページに掲載してありますのでご覧ください。http://www.nichigaku.jp

「国府台女子学院小学部」について

〈合格のためのアドバイス〉

当校は、仏教系の学校であり、千葉県で唯一、女子の小・中・高一貫教育を行っている学園です。仏教行事を通しての教育を実践する中で、感謝と慈悲の心を育成しています。また、茶道教室の体験といった伝統文化との関わり、本格的な施設での芸術鑑賞など、全学年を通して、情操教育にも力を入れています。授業見学の際、その点に魅力を感じて志願を決める保護者も少なくありません。

2020年度入試も、例年通りペーパーテスト、行動観察、面接という形で行われました。

ペーパーテストでは、数量（大きさの比較）、思考（常識、言語、推理）、記憶（お話、位置、絵）などが出題されています。難度は若干高めですが、日々の生活の中で言葉を身に付けることと、基礎問題をしっかり行うことに注力してください。複合的な問題が多いので、出題パターンを覚えるのではなく、基礎をしっかり学習し、考える力を身に付けることが大切です。

過去に行われた行動観察では、「気を付け」の姿勢を数分間続けるという忍耐力が必要な課題も出されました。これは、「人の話を聞く時は、静かに耳を傾ける」という、学校生活を円滑に行うことができる素地を観るための出題です。元来、お子さまにはない能力ですから、身に付けるには時間を要しますが、日頃からこのような作法や姿勢を心がけておくとよいでしょう。

面接試験の直前にアンケートの記入がありました。スペースがあまりなく、回答が長いと書ききれないので、簡潔に答えられるように整理しておいてください。質問の中には、学校行事への参加を問うものもあります。公開行事には、積極的に参加しておいた方がよいでしょう。

〈2020年度選考〉

◆ペーパー（記憶、数量、図形、言語、常識など）
◆行動観察（集団ゲーム）
◆保護者・志願者面接

◇過去の応募状況

2020年度	女子 141名
2019年度	女子 99名
2018年度	女子 123名

入試のチェックポイント

◇生まれ月の考慮…「なし」

〈本書掲載分以外の過去問題〉

◆行動観察：紙を４つ折りにして、できた線をハサミで切る。椅子取りゲーム。［2019年度］
◆推理（系列）：約束通りに並んでいる○△□×の、空いているマス目に入る記号を書く。［2018年度］
◆言語（言葉の音）：名前の前から２番目の音が同じものを線で結ぶ。［2018年度］
◆推理（シーソー）：５匹の動物でのシーソー。１番重い動物と１番軽い動物を選ぶ。［2018年度］

目指せ！合格！

家庭学習ガイド
昭和学院小学校

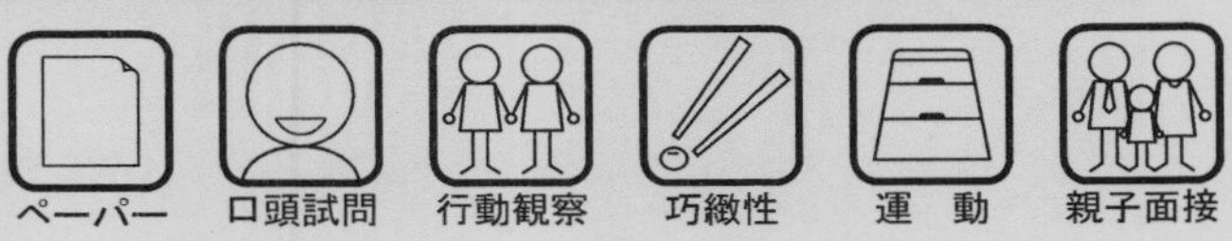

入試情報

応募者数：男子138名　女子86名
出題形態：ペーパー、ノンペーパー
面　　接：保護者・志願者面接
出題領域：ペーパー（常識、言語、お話の記憶、図形、推理、数量など）、口頭試問、行動観察、制作、運動

入試対策

当校の入学試験はペーパーテスト（常識、言語、お話の記憶、図形、推理、数量など）、口頭試問、行動観察、制作、運動が実施されます。ペーパーテストはそれほど難度の高いものは出題されませんが、幅広い分野から出題されていることが特徴です。特定の分野に特化するのではなく、バランスよく基礎を固めることが、当校の対策と言えるでしょう。ただ、お話の記憶は、非常に長文のお話が出題されることが多いので、対策が必要となります。
口頭試問の課題が多いのも当校の特徴です。話をしっかり聞く姿勢や、理解する能力を磨いてください。これは、ペーパーを解答するための能力とはまた別の力です。人と接する機会を増やして、過度な緊張をしないように心がけましょう。また、自分の意思を他人にはっきり伝えることも大切です。それだけではなく思考力を求められる課題も多いので、ペーパー学習の際にも、なぜその答えになったのかといった、答えまでの過程を大事にしてください。

- ペーパーテストに関しては、毎日コツコツと繰り返すことで基礎的な力が付いていきます。お子さまといっしょに楽しむ気持ちで、幅広い問題に取り組んでください。
- 考査はペーパーテストのほかに、口頭試問、行動観察、制作、運動と広範囲に渡って実施されます。不得意分野を克服することも重要ですが、一生懸命に取り組む姿勢、周りの子と協力して作業を行う姿勢、思いやりのある態度などを持っていることも大切です。

必要とされる力　ベスト6

チャートで早わかり！

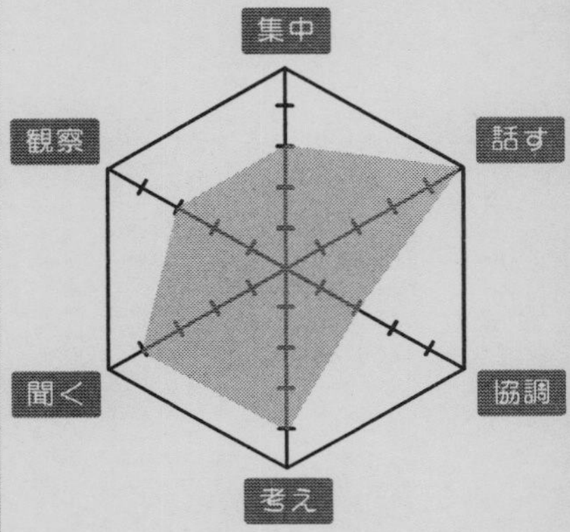

特に求められた力を集計し、左図にまとめました。
下図は各アイコンの説明です。

	アイコンの説明
集中	集　中　力…他のことに惑わされず１つのことに注意を向けて取り組む力
観察	観　察　力…２つのものの違いや詳細な部分に気付く力
聞く	聞　く　力…複雑な指示や長いお話を理解する力
考え	考える力…「～だから～だ」という思考ができる力
話す	話　す　力…自分の意志を伝え、人の意図を理解する力
語彙	語　彙　力…年齢相応の言葉を知っている力
創造	創　造　力…表現する力
公衆	公衆道徳…公衆場面におけるマナー、生活知識
知識	知　　　識…動植物、季節、一般常識の知識
協調	協　調　性…集団行動の中で、積極的かつ他人を思いやって行動する力

※各「力」の詳しい学習方法などは、ホームページに掲載してありますのでご覧ください。http://www.nichigaku.jp

「昭和学院小学校」について

＜合格のためのアドバイス＞

当校は知・徳・体の全人教育という建学精神の基、「学力の向上と心の教育」を両輪として、バランスのとれた、21世紀の心豊かな人づくりを目指しています。

2020年度の入学試験では、（常識、言語、お話の記憶、図形、推理、数量など）、口頭試問、行動観察、制作、運動、面接が実施されました。

ペーパーテストの常識分野では、例年、季節の問題が出題されています。常識の範囲はさまざまな分野にわたります。理科、季節以外にも、例えば、道具などの用途によって仲間分けする問題や、さまざまな乗りもの（緊急車両など）に関する知識も常識となります。ぜひ、日常生活の中のさまざまなことに目を向けるようにし、お子さまとの会話の中で知識を身に付けさせるようにしてください。１つひとつの経験が、お子さまの視野を広げ、それは考査の際にも大切な要素となります。

行動観察は、集団での授業形式の中で行われます。考えさせる課題になっているので、なぜそうなったのかという自分の考えをしっかり伝えることができるようにしておきましょう。

保護者・志願者面接では、志願者には、自分の名前、幼稚園（保育園）の名前、仲良しの友だちの名前などが聞かれました。保護者に対しては、志望理由、教育方針、子どもが興味を持っていることなどを聞かれました。日頃から、お子さまを交えて、家族で話し合う機会を大切にしてください。

＜2020年度選考＞

- ◆ペーパー（常識、言語、お話の記憶、図形、推理、数量など）
- ◆口頭試問
- ◆行動観察
- ◆制作
- ◆運動
- ◆保護者・志願者面接

◇過去の応募状況

2020年度	男子 138名	女子 86名
2019年度	男子 105名	女子 98名
2018年度	男子 102名	女子 89名

入試のチェックポイント

◇生まれ月の考慮…「あり」

＜本書掲載分以外の過去問題＞

◆数量（一対多の対応）：自動車、自転車にタイヤをつけると、タイヤはいくつ余るか。［2019年度］

◆推理（シーソー）：釣り合っている２つのシーソーに載っているものを見て、１番重いものを選ぶ。［2019年度］

◆図形（鏡図形）：水面に映っている絵の中で正しいものを選ぶ。［2019年度］

◆図形（回転図形）：国旗を回転させて正しいものを選ぶ。［2019年度］

国府台女子学院小学部
昭和学院小学校

過去問題集

〈はじめに〉

現在、少子化が叫ばれているにもかかわらず、私立・国立小学校の入学試験には一定の応募者があります。入試は、ただやみくもに学習するだけでは成果を得ることはできません。志望校の過去における出題傾向を研究・把握した上で、練習を進めていくこと、その上で試験までに志願者の不得意分野を克服していくことが必須条件です。そこで、本問題集は小学校を受験される方々に、志望校の出題傾向をより詳しく知って頂くために、過去に遡り出題頻度の高い問題を結集いたしました。最新のデータを含む精選された過去問題集で実力をお付けください。また、志望校の選択には弊社発行の**「2021年度版　首都圏・東日本　国立・私立小学校　進学のてびき」**（5月下旬発行予定）をぜひ参考になさってください。

〈本書ご使用方法〉

◆出題者は出題前に一度問題を通読し、出題内容などを把握した上で、**〈 準 備 〉**の欄に表記してあるものを用意してから始めてください。
◆お子さまに絵の頁を渡し、出題者が問題文を読む形式で出題してください。問題を読んだ後で、絵の頁を渡す問題もありますのでご注意ください。
◆**「分野」**は、問題の分野を表しています。弊社の問題集の分野に対応していますので、復習の際の目安にお役立てください。
◆問題番号右端のアイコンは、各問題に必要な力を表しています。詳しくは、アドバイス頁（ピンク色の１枚目下部）をご覧ください。
◆一部の描画や工作、常識等の問題については、解答が省略されているものがあります。お子さまの答えが成り立つか、出題者が各自でご判断ください。
◆**〈 時 間 〉**につきましては、目安とお考えください。
◆解答右端の**［〇年度］**は、問題の出題年度です。**［2020年度］**は、「2019年度の秋から冬にかけて行われた2020年度入学志望者向けの考査で出題された問題」という意味です。
◆**学習のポイント**は、指導の際にご参考にしてください。
◆**【おすすめ問題集】**は各問題の基礎力養成や実力アップにご使用ください。

〈本書ご使用にあたっての注意点〉

◆文中に**この問題の絵は縦に使用してください。**と記載してある問題の絵は縦にしてお使いください。
◆**〈 準 備 〉**の欄で、クレヨンと表記してある場合は12色程度のものを、画用紙と表記してある場合は白い画用紙をご用意ください。
◆文中に**この問題の絵はありません。**と記載してある問題には絵の頁がありませんので、ご注意ください。なお、問題の絵の右上にある番号が連番でなくても、中央下の頁番号が連番の場合は落丁ではありません。
下記一覧表の●がついている問題は絵がありません。

問題1	問題2	問題3	問題4	問題5	問題6	問題7	問題8	問題9	問題10
									●
問題11	問題12	問題13	問題14	問題15	問題16	問題17	問題18	問題19	問題20
●									
問題21	問題22	問題23	問題24	問題25	問題26	問題27	問題28	問題29	問題30
問題31	問題32	問題33	問題34	問題35	問題36	問題37	問題38	問題39	問題40
●						●		●	●

◎学習効果を上げるため、前掲の「家庭学習ガイド」及び「合格のためのアドバイス」をお読みになり、各校が実施する入試の出題傾向を、よく把握した上で問題に取り組んでください。
※冒頭の「本書ご使用方法」「本書ご使用にあたっての注意点」も併せてご覧ください。

〈国府台女子学院小学部〉

2020年度の最新問題

問題1　分野：記憶（お話の記憶）

聞く　集中

〈準備〉　鉛筆

〈問題〉　これから読むお話をよく聞いて、後の質問に答えてください。

えりさんの家族は、お父さん、お母さん、お兄さんの４人です。今日は、みんなで水族館に行く日です。海の近くにある水族館までは遠いので、お父さんの運転する車で行くことにしました。
水族館に着くと、たくさんの人が並んでいました。えりさんは、ワクワクしながら水族館に入っていくと、中にはたくさんの水槽がありました。
はじめに見た水槽の中にはクラゲがいました。上に行ったり下に行ったり、気持ちよさそうにフワフワ泳いでいました。２番目の水槽の中をよく見ていたら、壺の中からニョロっと足が出てきてタコが姿を見せました。３番目の水槽には、きれいな魚が泳いでいました。次に見た少し大きな水槽では、ペンギンが水から出たり入ったりして楽しそうに泳いでいました。最後に見たのは、プールくらいある大きな水槽でした。２頭のイルカが上手にボール遊びをしたり、ジャンプしたりしていました。会場では何度も拍手が起こりました。
帰りにえりさんはイルカのぬいぐるみを買ってもらいました。

（問題１の絵を渡す）
①水族館には何で行きましたか。１番上の段の絵から選んで○をつけてください。
②えりさんが最初に見た水槽の中には何がいましたか。上から２段目の絵の絵から選んで○をつけてください。
③４番目に見た少し大きな水槽の中には何がいましたか。上から３段目の絵の絵から選んで○をつけてください。
④えりさんの家族は何人ですか。１番下の四角の中に、その数だけ○を書いてください。

〈時間〉　①②③各10秒　④20秒

〈解答〉　①左から２番目（車）　②真ん中（クラゲ）
③左端（ペンギン）　④○：４

［2020年度出題］

学習のポイント

お話の記憶としては、ごく基本的な問題です。ただ、例年、「何に乗って行った」「何番目に○○した」「何個（何人）」という問題が出されていることで、お話を聞く時にそうしたところにばかり集中してしまいがちです。保護者の方が傾向をつかむことは大切なのですが、お子さまには意識させすぎないようにしてください。問題ありきで考えていると、出題の仕方や傾向が変化した時に対応できなくなってしまいます。基礎ができていないと、対応力は身に付きません。受験テクニックではなく、まずはお話を素直に「聞く」ことが、第一歩です。読み聞かせを続けることで、「聞く力」と「イメージする力（想像力）」が養われます。そうした基本的な力を付けてから出題を意識することで、より学習の効果が高まります。

【おすすめ問題集】
　1話5分の読み聞かせお話集①・②、お話の記憶問題集 初級編・中級編、
　Ｊｒ・ウォッチャー19「お話の記憶」

問題2　分野：記憶（見る記憶）

観察　集中

〈準 備〉　鉛筆

〈問 題〉　（問題２－１の絵を見せる）
この絵をよく見て覚えてください。

（20秒後、問題２－１の絵を隠し、問題２－２の絵を渡す）
①長靴のあったところに○を書いてください。
②ハサミのあったところはどことどこですか。その場所に×を書いてください。

〈時 間〉　各10秒

〈解 答〉　下図参照

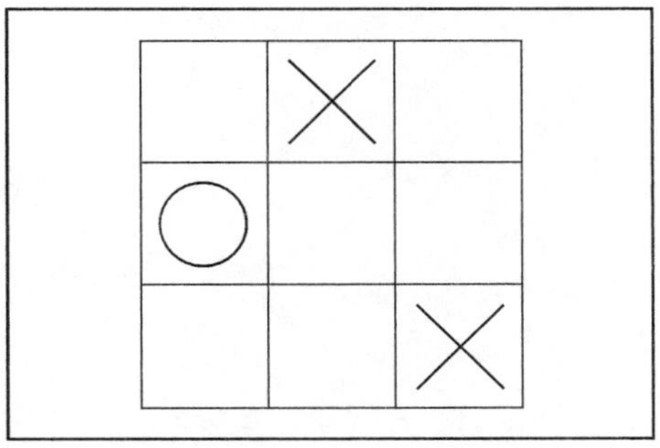

［2020年度出題］

家庭学習のコツ①　「先輩ママのアドバイス」を読みましょう！

本書冒頭の「先輩ママのアドバイス」には、実際に試験を経験された方の貴重なお話が掲載されています。対策学習への取り組み方だけでなく、試験場の雰囲気や会場での過ごし方、お子さまの健康管理、家庭学習の方法など、さまざまなことがらについてのアドバイスもあります。先輩ママの体験談、アドバイスに学び、ステップアップを図りましょう！

学習のポイント

位置を記憶することばかりに集中してしまうと、問題（指示）を聞いていなかったということにもなりかねないので、どんな場合でも「聞く」ということを最優先に考えましょう。実際の試験では、①が終わってから②という形で、1問1問出題されるので、指示をまとめて覚える必要はありません。頭の中に位置をイメージしつつ、問題をしっかり聞いてください。細かなことですが、当校の出題は非常に親切で、②では「どことどこですか」というように、答えが2つあるということを教えてくれます。問題をちゃんと聞いていないと、1つだけ答えて終わりということもありえるでしょう。話を聞いているお子さまには、よいことがあるのです。

【おすすめ問題集】
Ｊｒ・ウォッチャー20「見る記憶・聴く記憶」、57「置き換え」

問題3　分野：記憶（見る記憶）

観察　集中

〈準備〉　鉛筆

〈問題〉　（問題３－１の絵を見せる）
この絵をよく見て覚えてください。
（20秒後、問題３－１の絵を隠し、問題３－２の絵を渡す）

①絵の中のネコと同じものに○をつけてください。
②絵の中の人形と同じものに○をつけてください。
③絵の中のコップと同じものに○をつけてください。

〈時間〉　各10秒

〈解答〉　①左から２番目　②右から２番目　③左端

［2020年度出題］

学習のポイント

見る記憶の問題は、「こうしたらできるようになる」という理屈がないので、なかなか難しい課題ではあります。お子さまによっても、「じっと見る」「ぼんやり見る」など、それぞれ取り組み方が違います。つまり、解き方にセオリーがないのが、絵の記憶なのです。単純に、見て覚えるという作業なので、必要なのは「観察力」と「集中力」です。間違い探しなどの遊びを通じて、少しずつ経験を重ねて、力を付けていくことがオーソドックスな方法と言えるかもしれません。学習と考えるのではなく、楽しみながら続けられるように工夫していきましょう。

【おすすめ問題集】
Ｊｒ・ウォッチャー20「見る記憶・聴く記憶」

問題4　分野：数量（異数発見）

観察 集中

〈準備〉　鉛筆

〈問題〉　左の絵と数が違うものはどれですか。右から１つ選んで○をつけてください。

〈時間〉　１分30秒

〈解答〉　①右端　②左から２番目　③右から２番目

[2020年度出題]

学習のポイント

同じ数を見つける、「同数発見」という問題の逆パターンです。何を問われているのかを理解してしまえば、後は単純な数量の問題になります。解答時間も長いので、１つひとつ数えても充分に時間はあります。ですが、ぱっと見ていくつあるかが把握できるようになっていれば、時間にも余裕ができ、しっかりと見直すこともできます。試験までには、数の把握ができるようにしておきましょう。一般的に小学校受験では、10程度の数の把握が求められますが、当校では15～20程度の数の問題が出ます。数が多くなればなるほど、「実際に数える」と「ぱっと見てわかる」の差は大きくなります。学習を積み重ねることで身に付けることができる力なので、しっかりと練習しておきましょう。

【おすすめ問題集】

Ｊｒ・ウォッチャー14「数える」、36「同数発見」

問題5　分野：数量（数を分ける）

観察 考え

〈準備〉　鉛筆

〈問題〉　左の子どもや動物に、右のものを分けます。同じ数ずつ分けられるものはどれですか。右から１つ選んで○をつけてください。

〈時間〉　１分30秒

〈解答〉　①右から２番目　②左から２番目　③右端

[2020年度出題]

家庭学習のコツ②　**「家庭学習ガイド」はママの味方！**

問題演習を始める前に、試験の概要をまとめた「家庭学習ガイド（本書カラーページに掲載）」を読みましょう。「家庭学習ガイド」には、応募者数や試験課目の詳細のほか、学習を進める上で重要な情報が掲載されています。それらの情報で入試の傾向をつかみ、学習の方針を立ててから、対策学習を始めてください。

学習のポイント

問題を１度聞いただけでは、「？」と思ってしまった人も多いのではないでしょうか。ただ、①を実際にやってみると、何を聞かれているのかがわかると思います。例題はありませんが、①を簡単な問題にして理解させ、徐々に難しくなっていく形になっています。「同じ数ずつ分ける」というように具体的な数が提示されていないことが、難しく感じる要因になっているのです。②で、もし３個ずつ分けるとなっていれば、９個の数を探せばよいことになります。ですが、「同じ数ずつ」という条件しかないので、それを手がかりに１つひとつ探していくしかありません。同じ数ずつ分けるということは、ぴったり分けられるということなので、左の数ずつまとめていって、余りの出ないものが正解になります。

【おすすめ問題集】

Ｊｒ・ウォッチャー「数える」、40「数を分ける」、42「一対多の対応」

問題6　分野：数量（大きさの比較）

観察　考え

〈準備〉　鉛筆

〈問題〉　２つの形があります。色が塗られているところが広い形はどちらですか。選んで四角の中に○を書いてください。

〈時間〉　１分30秒

〈解答〉　①右　②左　③左　④左

［2020年度出題］

学習のポイント

ぱっと見た感じでは図形の問題に見えますが、数量の問題です。慌てないように注意しましょう。形が異なっているものの比較が多いので、感覚的に答えることが難しい問題です。ですが、マス目の数をかぞえることで、単純な数量の問題として考えることができます。ただし、④だけは正確に数えることができません。この問題に関しては、大体の感じで答えたお子さまも多いのではないでしょうか。答え合わせの時に、なぜその答えになったのかを聞いてみてください。考え方の１つとして、同じ形（大きさ）を除いて考える方法があります。左側の形の左半分（２×４マス）と右側の形の下半分（４×２マス）を除いて考えると、よりどちらが大きいかがわかりやすくなります。

【おすすめ問題集】

Ｊｒ・ウォッチャー14「数える」、15「比較」、58「比較②」

問題7　分野：言語（言葉の音）

語彙　知識

〈準備〉　鉛筆

〈問題〉　この問題の絵は縦に使用してください。
左の絵のはじめの音を使って言葉を作ります。右の絵と合うものを探して線で結んでください。

〈時間〉　１分30秒

〈解答〉　下図参照

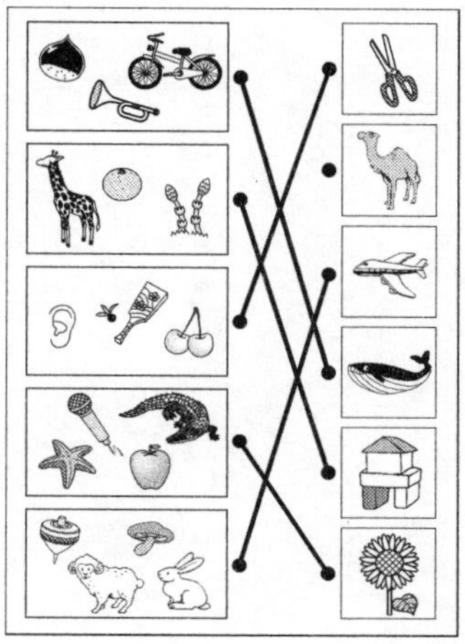

［2020年度出題］

学習のポイント

言葉のはじめの音なので、最後の音や真ん中の音に比べれば、音を拾うことはそれほど難しくはありません。その音を入れ替えて言葉にするというところが、本問のポイントになるでしょう。そうした作業は、語彙力に大きく影響されます。そもそも知らない言葉であればもちろんできませんし、知識として知っているだけの言葉では、すぐに浮かんできません。しっかりと身に付いた、使える言葉としての語彙力を高めていきましょう。選択肢から正解を選ぶのではなく、言葉にしてから選択肢を見るようにすれば、その時点で見直しができているのと同じ効果があります。また、惑わすような選択肢にも引っかからなくなるので一石二鳥です。

【おすすめ問題集】

Ｊｒ・ウォッチャー17「言葉の音遊び」、60「言葉の音」

問題8　分野：常識（いろいろな仲間）

知識　考え

〈準備〉　鉛筆

〈問題〉　それぞれの段の中で１つだけ仲間ではないものがあります。選んで○をつけてください。

〈時間〉　１分

〈解答〉　①右から２番目（チョウチョ）　②左から２番目（冬）　③右端（スコップ）　④左端（サンダル）　⑤真ん中（ハサミ）

[2020年度出題]

学習のポイント

理科、季節、日常生活、昔話などの常識分野から幅広く出題されています。年齢なりの生活経験を積んでいれば、できる問題ばかりなので、確実に正解しておきたいところです。常識分野は机上で行うものではなく、日常生活の中で身に付けていくものです。学校側も知識としての常識を求めているわけではなく、生活体験に基づいた常識を望んでいます。ふだんの暮らしにも学習のチャンスはたくさんあります。保護者の方のちょっとした声かけが学びの種になるので、お子さまの好奇心や興味を広げてあげるように心がけてください。保護者の方がわからないことは、お子さまもわかりません。お子さまといっしょに多くのことを学んでいきましょう。

【おすすめ問題集】

Ｊｒ・ウォッチャー11「いろいろな仲間」

問題9　分野：図形（重ね図形）

観察　考え

〈準備〉　鉛筆

〈問題〉　左の２枚を形を重ねると、どんな形ができるでしょうか。選んで○をつけてください。

〈時間〉　１分

〈解答〉　①左から２番目　②右端　③左端　④左から２番目　⑤右から２番目

[2020年度出題]

学習のポイント

選択肢から正解を選ぶ形式の問題の時に、お子さまがどう解答しているのかをよく見ておいてください。考えるよりも先に選択肢を見るようでしたら、しっかりと理解できていない可能性があります。自分で答えを出してから選択肢を見るのが本来の方法です。自分の答えがあいまいなまま選択肢を見てしまうと、迷ってしまうことになり、時間もかかってしまいます。選択肢はあくまでも自分の答えと合っているものを選ぶものであって、選択肢の中から正解を探すものではありません。もし、図形の理解ができていないようなら、ペーパーではなく具体物を使った基礎学習をしてみてください。理解が深まることはもちろんですが、応用問題への対応力も身に付けることができます。

【おすすめ問題集】
　Ｊｒ・ウォッチャー35「重ね図形」

問題10　分野：行動観察（集団ゲーム）

聞く　協調

〈準備〉　①なし　②ドッジボール

〈問題〉　この問題の絵はありません。
①だるまさんがころんだ
②ボール運びゲーム
・４つのチームに分かれて、２人１組でボール運び競争
・ビニール風呂敷にボールを載せて運ぶ
・落としたらスタート地点に戻る

〈時間〉　適宜

〈解答〉　省略

［2020年度出題］

学習のポイント

どちらもゲーム性の強い課題ですが、勝ち負けは基本的に関係ありません。行動観察という名前の通り、どんな行動をするのかを観察することが目的です。移動時や体育館に入るところから、すでに観られています。また、始まる前にはゲームの説明があるので、指示が守られているかも重要なポイントです。①では、ゲーム中に笛が吹かれ、先生のところに集まるという指示がありました。そうした時には、途中でもゲームを切り上げなければいけません。そうした、課題以外の行動の方が観られているといってもよいでしょう。小学校に入学すれば、集団での行動が中心になります。そして、集団行動をとる時に、その子は何を思い、どのような行動をとるのかということがテスターの関心事なのです。

【おすすめ問題集】
　Ｊｒ・ウォッチャー29「行動観察」

問題11　分野：面接

聞く　話す　公衆

〈準 備〉　なし

〈問 題〉　この問題の絵はありません。

【保護者へ】
・志望動機を教えてください。
・ご家庭の教育方針を教えてください。
・お子さまの長所を教えてください。
・今までの子育てを通して、最も印象に残っているエピソードを教えてください。
・どのような女性に成長してほしいですか。
・いつもどんな本を読み聞かせされていますか。
・子育てを通して、どんなことで悩まれますか。
・保護者の方がお互いによいと感じる、お子さまへの関わりはどんなことですか。

【志願者へ】
・お名前を教えてください。
・通っている幼稚園（保育園）の名前を教えてください。
・仲の良いお友だちのお名前を教えてください。
・お休みの日は何をしますか。
・お家でどんなお手伝いをしますか。
・大きくなったら何になりたいですか。
・何をして遊ぶのが好きですか。
・今までで１番楽しかったことは何ですか。

〈時 間〉　15分程度

〈解 答〉　省略

［2020年度出題］

学習のポイント

保護者の方への質問は、小学校入試の面接としてはオーソドックスな質問が中心です。答えに詰まってしまうような質問はありませんが、だからといって面接マニュアルをそのまま覚えて話すようなことはやめましょう。少なくともそうした内容を自分の家庭に置き換えて、自分の言葉で伝えられるようにしてください。面接の場だけを取り繕うのではなく、「取り繕う必要のない生活を送る」ことを目指しましょう。そうすれば、面接で余計な緊張もしないはずです。志願者への質問も、基本的なものです。はっきりと大きな声で答えるようにしましょう。気を付けるのは、「相手の質問を理解して、それに沿って答える」ということだけです。多少の言い間違いをしてしまったとしても、それで評価が下がるようなことはありません。

【おすすめ問題集】
面接テスト問題集、新 小学校受験の入試面接Ｑ＆Ａ

2019年度以前の過去問題

問題12　分野：記憶（お話の記憶）

聞く　集中

〈準 備〉　鉛筆

〈問 題〉　これから読むお話をよく聞いて、後の質問に答えてください。

あかねさんの家族は、お父さん、お母さん、妹の４人です。今日は、家族で遊園地に行くことにしました。遊園地は、隣の駅にあるので電車とバスで行きました。最初に、メリーゴーランドに乗りました。次に観覧車に乗りました。いつもあかねさんが通っている幼稚園も見えました。まるで小さなおもちゃの町を見ているようでした。それから、おさるの汽車に乗りました。最後に、お父さんとあかねさんは、ジェットコースターに乗りました。ジェットコースターが、空に向かってどんどんのぼっていく時、とてもハラハラ、ドキドキしました。そして、みんなでソフトクリームを食べました。出口で、ピエロさんが、子どもたちに風船を配っていました。あかねさんは赤い風船をもらい、妹はピンクの風船をもらって帰りました。

（問題12の絵を渡す）

①遊園地には、何と何で行きましたか。１番上の段の絵から選んで○をつけてください。

②あかねさんが２番目に乗ったものは何ですか。上から２段目の絵から選んで○をつけてください。

③みんなで食べたものは何ですか。上から３段目の絵から選んで○をつけてください。

④あかねさんは遊園地でいくつ乗りものに乗りましたか。１番下の四角の中に、その数だけ○を書いてください。

〈時 間〉　①②③各10秒　④20秒

〈解 答〉　①左から２番目（バス）、右から２番目（電車）　②真ん中（観覧車）
③右から２番目（ソフトクリーム）　④○：４

［2019年度出題］

学習のポイント

お話は短めですが、その内容を見ると、覚えることが多く、混乱してしまうかもしれません。記憶の問題では、一度混乱してしまうと、立て直すことが難しいものです。まして、入試の場では、緊張感からふだん以上に混乱することも考えられます。本問のように、覚えることが多く混乱しそうな場合は、１つひとつを覚えていくのではなく、話の内容を流れとして覚えていくことをおすすめします。また、お話の記憶は、体験の有無によっても覚えやすさが変わります。遊園地で楽しい思い出のある子どもは、その時の様子になぞらえて記憶することができるでしょう。基本となる読み聞かせの取り組みと同時に、さまざまな体験も積むようにしましょう。

【おすすめ問題集】

１話５分の読み聞かせお話集①・②、お話の記憶問題集 初級編・中級編、
Ｊｒ・ウォッチャー19「お話の記憶」

問題13　分野：記憶（見る記憶）

観察　集中

〈準備〉　鉛筆

〈問題〉　（問題13－１の絵を見せる）
この絵をよく見て覚えてください。
（20秒後、問題13－１の絵を隠し、問題13－２の絵を渡す）

①■のあったところに×を書いてください。
②●のあったところはどことどこですか。その場所に○を書いてください。

〈時間〉　各10秒

〈解答〉　下図参照

○		
		○
×		

［2019年度出題］

学習のポイント

位置の記憶と置き換えの複合問題です。20秒で絵を覚えられなかったり、指示を聞き逃してしまったりして、①でつまづいてしまうと、②でも混乱を引きずってしまい、失敗する可能性があります。このような失敗を避けるためにも、気持ちの切り替えも学習に取り入れるとよいでしょう。ふだんの練習の際に１問ごとに手を止めて深呼吸をするなどのメリハリをつけると、気持ちも切り替えやすくなります。また、この問題をおさらいする時に、記憶ができずに間違えたのか、指示をしっかりと聞かなかったために間違えたのか、わかっていたが混乱したために間違えたのか、どれが原因だったのかを保護者の方はしっかりと把握してください。間違えたからといって、正しい答えを伝えればよいというものではありません。間違えた原因によって対策は異なります。覚え方の見直し、指示をしっかり聞く習慣付け、慌てないための方法など、お子さまの状況に合わせた対策を施していきましょう

【おすすめ問題集】
Ｊｒ・ウォッチャー20「見る記憶・聴く記憶」、57「置き換え」

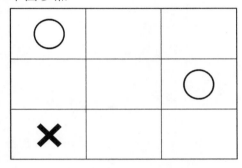

問題14　分野：記憶（見る記憶）

観察　集中

〈準備〉　鉛筆

〈問題〉　①（問題14－１の絵を見せる）
この絵をよく見て覚えてください。
（10秒後、問題14－１の絵を隠し、問題14－２の絵を渡す）
今見た絵の中にあったものに○をつけてください。
②（問題14－３の絵を見せる）
この絵をよく見て覚えてください。
（10秒後、問題14－３の絵を隠し、問題14－４の絵を渡す）
今見た絵の中にあったものに○をつけてください。

〈時間〉　①10秒　②20秒

〈解答〉　下図参照

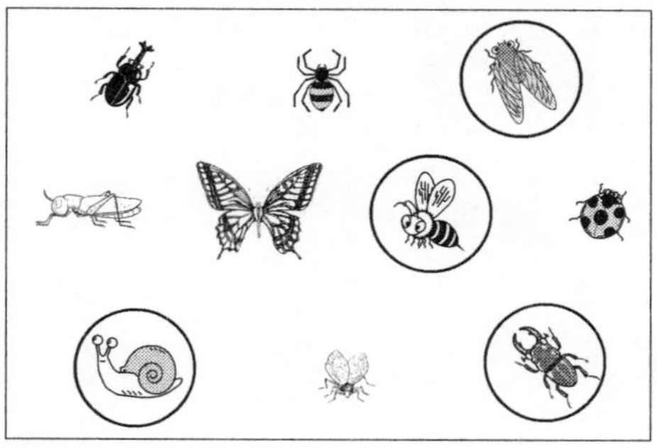

［2019年度出題］

学習のポイント

①は記憶するものが４つ、②では記憶するものが６つと、数が多くなった分、難度が上がっています。①では、左上にクワガタが描かれていて、解答用紙の左上にはカブトムシが描かれています。解答用紙を見るとき、多くのお子さまは左上から見ると思いますが、この時、カブトムシに解答していないか確認してください。もし、印をつけていた場合、うっかりミスをしやすい取り組み方をしている可能性があります。その場合、落ち着いて確認をしてから、取り組むように指導しましょう。解答用紙を見ると、お子さまの取り組み方をうかがうことができます。単に○をつけるだけでなく、お子さまの状況を知る材料として解答用紙を活用してください。ただし、そのような痕跡があるからといって、お子さまの特徴やクセを決めつけるのもよくありません。繰り返されるようならば、修正を考えるくらいでよいでしょう。②は覚える絵の種類がバラバラです。記憶方法は、お子さまが得意とする方法でかまいませんので、まずはしっかりと覚えることに努めてください。

【おすすめ問題集】

Ｊｒ・ウォッチャー20「見る記憶・聴く記憶」

問題15　分野：数量（長さの比較）

観察　考え

〈準備〉　鉛筆

〈問題〉　この問題の絵は縦に使用してください。

①上の段を見てください。電車の絵がいくつかあります。この中で１番長いものの絵に○を、１番短いものの絵に△をつけてください。

②下の段を見てください。鉛筆の絵がいくつかあります。この中で２番目に長いものの絵に○を、２番目に短いものの絵に△をつけてください。

〈時間〉　各45秒

〈解答〉　下図参照

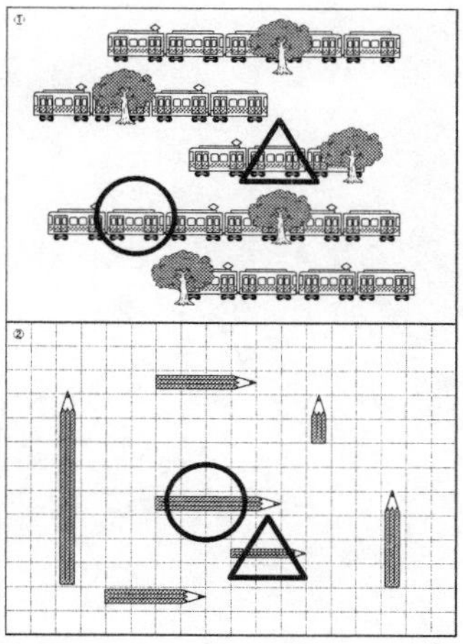

［2019年度出題］

学習のポイント

長さの比較の問題ですが、チェックポイントはそれぞれ違います。①は、それぞれの車両を木が隠しています。隠された部分は同じ長さであることに気が付けば、惑わされずに取り組むことができます。この問題では、１番長いものと１番短いものを問われていますから、入試までには、ぱっと見て正解を見つけられるようにしましょう。②はマス目に描かれた鉛筆の長さの比較です。この問題では２番目に長いものと２番目に短いものを問われています。①の応用で、１番長いものと１番短いものを取り除いた上で１番長いものと１番短いものを見つければ、それが正解となります。すべてを比較して解答を見つけてもよいのですが、このように選択肢を減らして見つけた方が効率はよいでしょう。さまざまな解答方法を身に付けておくことで、この方法がダメならこの方法と、余裕を持って問題に取り組むことができます。

【おすすめ問題集】

Ｊｒ・ウォッチャー15「比較」、58「比較②」

問題16　分野：数量（積み木）

観察　考え

〈準備〉　鉛筆

〈問題〉　積み木はそれぞれ何個ありますか。その数だけ右の四角の中に○を書いてください。隠れている積み木もあるので注意してください。

〈時間〉　1分30秒

〈解答〉　①○：6　②○：12　③○：17

［2019年度出題］

学習のポイント

積み木の数の問題ですが、まずは基本となる8個で構成する基本形（下段4つ、上段4つの立方体）を理解しているでしょうか。その形をベースにいくつ多いのか（少ないのか）がわかるようにします。1番上の問題は基本形の8個の積み木に対して上段が2つ少ないことがわかります。それで8－2＝6という導き方をしていきます。その知識と並行して、積み木を実際に積み、見えないところに積み木がいくつ隠れているかを把握します。これは、数が多くなっても同じですから、まずは基本をしっかりと理解するようにしましょう。積み木の問題の場合、保護者の方が○つけをするのではなく、お子さま自身で正解かどうかを確認させることをおすすめします。①で解答を5つと答えた場合。積み木を○の数だけ渡し、実際に積ませましょう。すると、どこか1つ足りないことがわかります。その時、どこで数え違えたのかをいっしょに確認します。その場ですぐに修正することや、自分で間違いに気付くことが大切です。

【おすすめ問題集】
Ｊｒ・ウォッチャー14「数える」、16「積み木」

問題17　分野：数量（数の合成）

観察　集中

〈準備〉　鉛筆

〈問題〉　それぞれの段にさまざまな絵があります。左側の絵の数にするには、どれとどれを合わせるとよいですか。2つ選んで○をつけてください。

〈時間〉　1分

〈解答〉　下図参照

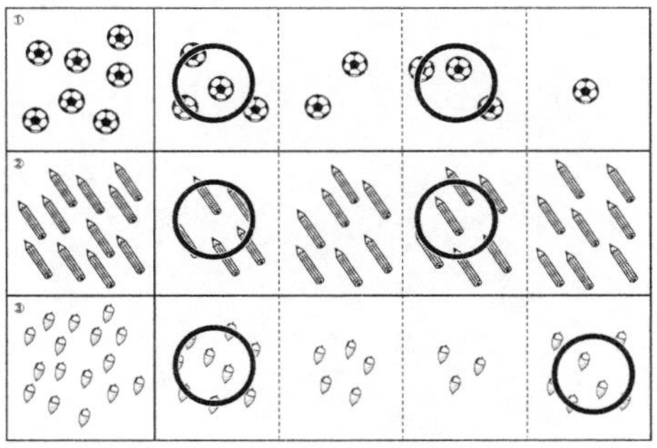

［2019年度出題］

学習のポイント

数の合成ですが、大きく分けて解き方は２通りあります。選択肢同士をたし算して解答を見つける方法と、左の数からひき算を利用して解答する方法です。ひき算を利用する方法ですが、例えば①の場合、左の元の数は７です。選択肢の左端である４つ分を元の形から隠し（引き）ます。すると残りは３になります。この例では、すぐに解答が見つかってしまいますが、もし、これでももう１つの解答が見つからない場合は、その選択肢は解答から除くことができます。このように繰り返して正解を見つける方法がひき算の方法です。当校の数量の問題では、②③のように10以上の数を扱うことが特徴です。小学校入試では、10までの数は、確実に数えられ、合成、分解ができることが望ましいとされていますが、当校の対策としては、それを20まで広げて練習するとよいということになります。

【おすすめ問題集】

Ｊｒ・ウォッチャー14「数える」、38「たし算・ひき算１」、
39「たし算・ひき算２」

問題18　分野：言語

語彙　知識

〈準備〉　鉛筆

〈問題〉　さまざまな絵が描いてあります。これらのものの最後の音を使って、「カブトムシ」という言葉を作るには、どれを選べばよいですか。選んで○をつけましょう。

〈時間〉　１分

〈解答〉　スイカ（カ）、カブ（ブ）、トマト（ト）、ソフトクリーム（ム）、はし（シ）

［2019年度出題］

学習のポイント

言葉の「音（おん）」に関する問題です。ポイントは「最後の音を使って」という点にあります。「最後の音」という指示を理解していないと、「カブ」のように答えの音が２つ入っている言葉に飛び付いてしまうかもしれません。多くのお子さまは、答えが作れた時点で「できた（正解した）」と思い込み、筆記用具を置いてしまいがちですが、こうした勘違いがあるので、見直しは重要です。ミスを防ぐためには、出題をしっかりと聞き取ること、１問解き終わったらすぐに見直す習慣を付けることです。家庭学習を行う際、解答し終わったらすぐに次の問題に移るのではなく、設定時間の最後までしっかりと取り組ませると、ケアレスミスも減るでしょう。

【おすすめ問題集】

Ｊｒ・ウォッチャー17「言葉の音遊び」、60「言葉の音（おん）」

問題19　分野：推理

観察　考え

〈準備〉　鉛筆

〈問題〉　1番上の段を見てください。右側の形の四角を1枚だけ動かして、左側の形にしますが、1つだけ左側の形にならないものがあります。その形を選んで○をつけてください。

〈時間〉　2分

〈解答〉　下図参照

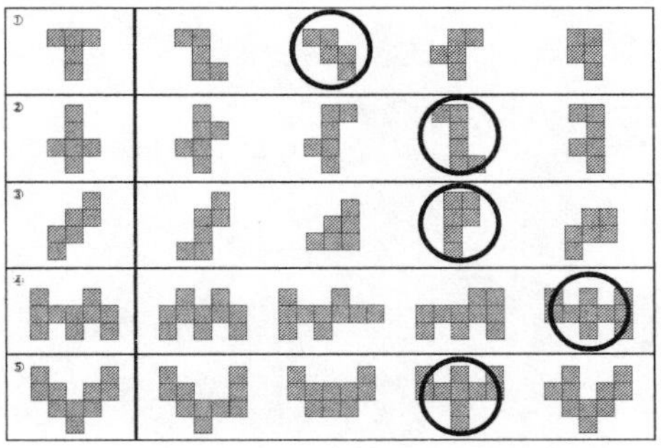

［2019年度出題］

学習のポイント

図形を使ったパズルの問題です。大人でも一目ではわかりにくい、幼児にとってはかなり難しい問題なので、実際の試験では、問題に取り組む前に練習問題を使った説明がありました。練習問題は、出題意図をしっかりと理解させるために、わかりやすい問題をていねい説明してくれます。しっかりと聞いて、ポイントを理解しましょう。この問題では、四角形を移動させて見本の形が作れるものではなく、「作れないもの」が問われています。当校の入試では、「～できないもの」「正しくないもの」を選ぶという質問が多い傾向にあるようです。こうした「ややひねった」指示を正しく理解するには、集中して出題者の言葉を聞き、正しく理解する必要があります。そのために、読み聞かせなどを通じて「聞く力」を高め、指示を正確に理解する練習をしてください。

【おすすめ問題集】

Ｊｒ・ウォッチャー３「パズル」、31「推理思考」

家庭学習のコツ③　効果的な学習方法～問題集を通読する

過去問題集を始めるにあたり、いきなり問題に取り組んではいませんか？　それでは本書を有効活用しているとは言えません。まず、保護者の方が、すべてを一通り読み、当校の傾向、ポイント、問題のアドバイスを頭に入れてください。そうすることにより、保護者の方の指導力がアップします。また、日常生活のさまざまなことから、保護者の方自身が「作問」することができるようになっていきます。

問題20　分野：常識

語彙　知識

〈準 備〉　鉛筆

〈問 題〉　ここにさまざまな生きものの絵が描かれています。この中で、卵で生まれてくるものを選んで○をつけてください。

〈時 間〉　１分

〈解 答〉　下図参照

［2019年度出題］

学習のポイント

知識分野の問題の答えは、考えてわかるものではありません。だからと言って、あきらめる必要はありません。すべてがわからないのでなく、中にはわかるものがあるはずですから、消去法を使えば正解できる可能性もあるのです。常識分野では、生きものの生態に関する出題が、当校に限らずよく見られます。生きものの生態は図鑑とにらめっこをして覚えるよりも、テレビで見た時、動物園や水族館に行った時、食卓に卵が出てきた時など、実体験から学んだ方が印象に残ります。動物の生態なら、例えば「～と同じものを食べる」というような形で、すでに知っていることと関連付けることができるでしょう。この「知識の関連付け」は学習、特に何かを覚える時の基本の１つです。お子さまが興味・関心を持ったと思ったら「～と同じだね」と声かけするのもよいでしょう。

【おすすめ問題集】

Ｊｒ・ウォッチャー11「いろいろな仲間」、27「理科」、55「理科②」

家庭学習のコツ④　効果的な学習方法～お子さまの今の実力を知る

１年分の問題を解き終えた後、「家庭学習ガイド」に掲載されているレーダーチャートを参考に、目標への到達度をはかってみましょう。また、あわせてお子さまの得意・不得意の見きわめも行ってください。苦手な分野の対策にあたっては、お子さまに無理をさせず、理解度に合わせて学習するとよいでしょう。

国府台女子学院小学部　専用注文書

年　　月　　日

合格のための問題集ベスト・セレクション

＊入試頻出分野ベスト３

1st　記　憶
集中力　聞く力　観察力

2nd　数　量
観察力　集中力　考える力

3rd　図　形
考える力　観察力

記憶、数量、図形、言語、常識という幅広い分野からの出題です。なかでも記憶分野からは、お話の記憶と見る記憶が出題されています。付け焼き刃では対応できないので、早めの対策を心がけましょう。

分野	書　名	価格(税抜)	注文	分野	書　名	価格(税抜)	注文
図形	Ｊｒ・ウォッチャー4「同図形探し」	1,500円	冊	数量	Ｊｒ・ウォッチャー36「同数発見」	1,500円	冊
推理	Ｊｒ・ウォッチャー6「系列」	1,500円	冊	数量	Ｊｒ・ウォッチャー37「選んで数える」	1,500円	冊
常識	Ｊｒ・ウオッチャー11「いろいろな仲間」	1,500円	冊	数量	Ｊｒ・ウォッチャー38「たし算・ひき算1」	1,500円	冊
数量	Ｊｒ・ウォッチャー14「数える」	1,500円	冊	数量	Ｊｒ・ウォッチャー39「たし算・ひき算2」	1,500円	冊
数量	Ｊｒ・ウォッチャー15「比較」	1,500円	冊	数量	Ｊｒ・ウォッチャー40「数を分ける」	1,500円	冊
言語	Ｊｒ・ウォッチャー17「言葉の音遊び」	1,500円	冊	推理	Ｊｒ・ウォッチャー57「置き換え」	1,500円	冊
記憶	Ｊｒ・ウォッチャー19「お話の記憶」	1,500円	冊	常識	Ｊｒ・ウォッチャー55「理科②」	1,500円	冊
記憶	Ｊｒ・ウォッチャー20「見る記憶・聴く記憶」	1,500円	冊	推理	Ｊｒ・ウォッチャー58「比較②」	1,500円	冊
常識	Ｊｒ・ウォッチャー27「理科」	1,500円	冊	言語	Ｊｒ・ウォッチャー60「言葉の音（おん）」	1,500円	冊
観察	Ｊｒ・ウォッチャー29「行動観察」	1,500円	冊		1話5分の読み聞かせお話集①・②	1,800円	各　冊
推理	Ｊｒ・ウォッチャー31「推理思考」	1,500円	冊		お話の記憶問題集 初級編	2,600円	冊
図形	Ｊｒ・ウォッチャー35「重ね図形」	1,500円	冊		お話の記憶問題集 中級編	2,000円	冊

合計	冊	円

（フリガナ） 氏　名	電　話 ＦＡＸ E-mail	
住 所　〒　　　ー		以前にご注文されたことはございますか。 有　・　無

★お近くの書店、または記載の電話・FAX・ホームページにてご注文をお受けしております。
電話：03-5261-8951　FAX：03-5261-8953　代金は書籍合計金額＋送料がかかります。
※なお、落丁・乱丁以外の理由による商品の返品・交換には応じかねます。
★ご記入頂いた個人に関する情報は、当社にて厳重に管理致します。なお、ご購入の商品発送の他に、当社発行の書籍案内、書籍に関する調査に使用させて頂く場合がございますので、予めご了承ください。

日本学習図書株式会社
http://www.nichigaku.jp

◎学習効果を上げるため、前掲の「家庭学習ガイド」及び「合格のためのアドバイス」をお読みになり、各校が実施する入試の出題傾向を、よく把握した上で問題に取り組んでください。
※冒頭の「本書ご使用方法」「本書ご使用にあたっての注意点」も併せてご覧ください。

〈昭和学院小学校〉

2020年度の最新問題

問題21 分野：常識（季節）　知識　聞く

〈準備〉　鉛筆

〈問題〉　今の季節は秋です。４枚の絵を秋から季節の順に並べると、最後にくる季節の絵はどれでしょうか。選んで○をつけてください。

〈時間〉　30秒

〈解答〉　右上（夏）

［2020年度出題］

学習のポイント

季節の流れを、「春・夏・秋・冬」と、ただ暗記するだけでなく、冬の次にはまた春が来るということを理解していれば簡単に正解できる問題です。極端な例かもしれませんが、意味を理解せずに覚えているだけでは、こうした少し変化をつけた問題でも戸惑ってしまうことになります。「春・夏・秋・冬」という、単なる知識だけを詰め込んだだけでは、本問の「最後にくる季節」という言葉に反応して、「冬」を答えにしてしまうかもしれません。季節を教えるにしても、ただ言葉だけでなく、行事、花、食べものなどと関連付けることで、身近なものとしてとらえられるようになります。知識ではなく、体験と結びつけて伝えていくようにしてください。

【おすすめ問題集】
Ｊｒ・ウォッチャー34「季節」

問題22　分野：言語（言葉の音）

語彙　知識

〈準 備〉　鉛筆

〈問 題〉　（問題22-１を渡す）
上の段を見てください。左の絵は「カバ」です。「か」「ば」の最後に「ん」を入れると、右の絵のように「かばん」という言葉に変わります。
下の段を見てください。左の絵は「クマ」です。「く」「ま」の真ん中に「る」を入れると、右の絵のように「くるま」という言葉に変わります。
このように左の絵に１文字入れると、別の言葉に変わってしまいます。

（問題22-２を渡す）
①上の段を見てください。左の絵に１文字入れるとどんな言葉に変わるでしょうか。右の四角に入る絵を選んで○をつけてください。
②下の段を見てください。左の四角に１文字入れると右の絵の言葉に変わってしまいました。左の四角に入る絵を選んで○をつけてください。

〈時 間〉　各20秒

〈解 答〉　①右端（カメラ）　②左端（タコ）

［2020年度出題］

学習のポイント

例題の説明が行われてから、問題に入ります。例題があるということは、問題がわかりにくかったり難しかったりすることが多いので、より注意して説明を聞くようにしましょう。本問の場合は、それほどわかりにくい問題ではありませんでしたが、しっかりと何が問われているのかを理解するようにしてください。①は例題の通り、１文字入れるとどんな言葉に変わるかでしたが、②では例題にはないパターンの出題でした。問題を言い換えれば、「たいこ」から１文字取ったらどんな言葉になるかということです。説明を聞いていれば理解できるはずものなので、慌てずに対応するようにしてください。出題の意図をしっかりと理解するようにしましょう。

【おすすめ問題集】
Ｊｒ・ウォッチャー17「言葉の音遊び」、60「言葉の音（おん）」

問題23　分野：お話の記憶

聞く　集中

〈準　備〉　鉛筆

〈問　題〉　これから読むお話をよく聞いて、後の質問に答えてください。

むかしむかし、ピーターという男の子が、お父さんといっしょに村に住んでいました。そして家では、赤い子馬を飼っていました。その赤い子馬は、とても速く、まるで風のように走ることができます。

ある日のこと、その噂を聞きつけ、ピーターの家に王さまがやって来ました。「王さま、何のご用でしょうか」ピーターがたずねると、王さまは赤い子馬を指さして言いました。「その馬を、私によこしなさい」「え？　この子馬を？」ピーターは断りました。「いやです。だってこの子馬は、ぼくの友だちです」すると王さまは、顔を真っ赤にして怒りました。「王の命令だ！　早く馬をよこしなさい！」「王さま、待ってください」ピーターは子馬にしがみついて答えました。「この子馬の代わりに、ぼくがどんなものでも捕まえてきます。ですから、子馬を連れて行くことだけはやめてください」「ほほう」王さまは、ニヤリと笑いました。「それでは、海に住む竜を捕まえてきなさい。もしそれができなければ、子馬を取り上げるぞ」海に住む竜とは、誰も倒すことのできない恐ろしいものでした。ピーターは返事に困ってしまいましたが、「さあ、どうした？　子馬をよこすか、竜を捕まえてくるか、どっちにするんだ」と王さまに言われると、ピーターはついに決めました。「竜を捕まえてきましょう」ピーターは仲良しの子馬を王さまに取られてしまうくらいなら、竜に倒されても構わないと思ったのです。その時、子馬がピーターに言いました。「ぼくに任せて！　ピーター、なわで輪を作るんだ」「うん、わかった」ピーターは子馬の言う通りのものを作ると、それを持って子馬にまたがりました。子馬は、ものすごい速さで走り出しました。やがて、ピーターたちは、川に着きました。とても大きな川なので、渡ることができません。その時、赤い子馬が鳴きました。「ヒヒーン、ヒヒーン。風よ来い！」するといきなり強い風が吹いてきて、ピーターと子馬を向こう岸まで運んでくれました。

しばらく行くと、ピーターたちは山奥に迷い込んでしまいました。するとその山が噴火して、真っ赤に燃えた岩が雨のように降ってきました。その時、赤い子馬がまた鳴きました。「ヒヒーン、ヒヒーン。雲よ来い！」すると、空に浮かんでいる白い雲が集まって、ピーターたちを守る大きな傘になりました。燃えた岩がいくら降ってきても、雲の傘がはじいてくれます。

無事に通り抜けたピーターたちは、青い海が一面に広がっているのを見ました。ピーターがきれいな海に見とれていると、また赤い子馬が鳴きました。「ヒヒーン、ヒヒーン、ヒヒーン」するとたちまち雨が降り出し、ゴロゴロと雷が鳴り始めました。ピーターは急いで子馬に飛び乗りました。ピーターが雷の鳴る方を向くと、海の様子がおかしいことに気が付きました。「何だろう、あれは」すると、子馬が答えました。「あれが、海に住む竜だ」やがて海の中から、３つの首を持つ竜が出てきました。竜は３つの首を使ってピーターたちに襲いかかりました。子馬は、大きくジャンプして竜の首をよけると、すごい速さで竜の周りをグルグルとかけ回りました。それにつられて、竜の首もグルグル回ります。そのうちに竜の首がからまってしまい、竜は息ができなくなって、倒れてしまいました。「しめた。今だ！」ピーターは持ってきたなわの輪を竜の首に引っかけると、そのまま竜を引きずって村へ帰っていきました。ピーターが竜を捕まえたと知って、村人たちは大よろこびです。「バンザーイ。ピーター、よくやったぞ」これには、王さまもびっくりです。「ピーターよ、お前は本当に勇気のある子どもだ。約束通り、子馬はあきらめよう。そして、君の欲しいものを何でもやるぞ」すると、ピーターは言いました。「何もいりません。ぼくは、この子馬とお父さんがいれば充分です」それから、ピーターはみんなと楽しく暮らしたということでした。

（問題23の絵を渡す）

①王さまが欲しかったものは何だったでしょうか。選んで○をつけてください。

②竜を捕まえる時にピーターが使ったものは何だったでしょうか。選んで○をつけてください。

③子馬が「ヒヒーン」と鳴いた時に出てきたものは何だったでしょうか。すべて選んで○をつけてください。

④ピーターが子馬と行った場所が描かれています。正しい順番に並んでいるものを選んで○をつけてください。

〈時間〉　各15秒

〈解答〉　①右から２番目（赤い馬）　②右端（なわ）
③左から２番目（雨）、真ん中（雲）、右端（風）　④右上（川→山→海）

［2020年度出題］

学習のポイント

中国の「クーナンとあかいこうま」という昔話をもとにしたお話です。お話の時間だけで約６分という長文なので、最後まで集中して聞くだけでも大変です。ただ、問題はお話の流れが理解できていれば答えられるものばかりなので、それほど苦労せずに解くことができるでしょう。最後まで集中してお話を聞くことができるかどうかが、ポイントと言えます。また、当校の入試問題はすべてカラーでの出題となっています。①では、実際には「赤い馬」と「茶色い馬」という選択肢が、色付きで描かれています。ちなみにお話のタイトルは入試ではわからないので、ヒントにはなりません。繰り返しになりますが、当校のお話の記憶では長文対策が必須になります。長い時間集中して聞くことができるように、読み聞かせを続けていきましょう。

【おすすめ問題集】

１話５分の読み聞かせお話集①・②、
お話の記憶問題集 初級編・中級編・上級編、
Ｊｒ・ウォッチャー19「お話の記憶」

問題24　分野：図形（図形の構成）

考え　観察

〈準備〉　鉛筆

〈問題〉　左の形を作るのに右の形を３つ使います。使う形に○をつけてください。形の向きは変えても構いませんが、形を重ねてはいけません。

〈時間〉　各30秒

〈解答〉　下図参照

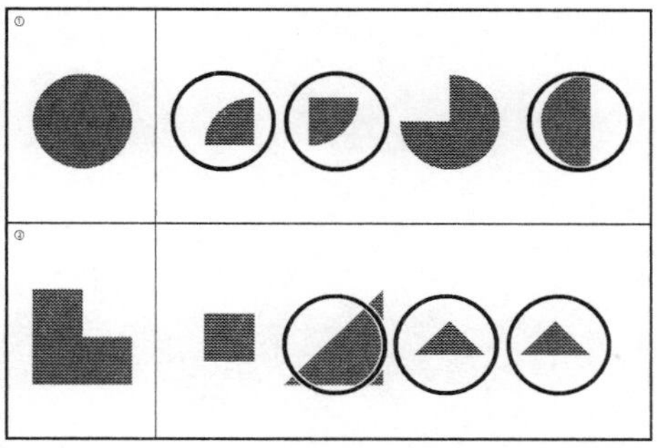

［2020年度出題］

学習のポイント

問題自体はさほど難しいものではないので、確実に正解しておきたい問題です。図形問題は、実際に動かしてみることで理解が深まります。本問でも、問題を切り取って自分で組み合わせながら考えることで、図形に対する感覚が磨かれるので、実際に試してみてください。本問で１つ注意すべき点は、問題の指示です。「形を３つ使います」という指示があるので、しっかりと守りましょう。①では２つの形でも左の形ができてしまうので、指示を聞き逃してしまうと、形はできたとしても、間違った答えになってしまいます。小学校受験においては、問題を聞いて理解することが非常に重要になります。基本的なことではありますが、徹底するようにしましょう。

【おすすめ問題集】

Ｊｒ・ウォッチャー３「パズル」、45「図形分割」、54「図形の構成」

問題25　分野：図形（回転図形）

観察　考え

〈準備〉　鉛筆

〈問題〉　この問題の絵は縦に使用してください。
上の絵を見てください。この絵を左に倒すと、絵はどう見えるでしょうか。下から選んで○をつけてください。

〈時間〉　30秒

〈解答〉　右下

［2020年度出題］

学習のポイント

実際の試験では、出題の前に回転図形のていねいな説明がありました。本問では、ミカンの位置と向きの両方を考えなければいけないので、気を付けなければいけないところがたくさんあります。繰り返しになりますが、図形の基本は頭の中で考えることではなく、実際に目で見て自分で動かすことです。なので、本問も実際に回転させながら確認してみてください。何度も繰り返すことで、回転させた後の形がイメージできるようになります。また、ちょっとした注意点なのですが、当校では回転することを「倒す」と表現しています。学校や問題集によって「回す」「回転する」など、異なる言い回しを使うことがあるので注意してください。細かなことではありますが、それらが同じことを表しているということを理解しておきましょう。

【おすすめ問題集】
　Ｊｒ・ウォッチャー５「回転・展開」、46「回転図形」

問題26　分野：推理（ブラックボックス）

考え　観察

〈準備〉　鉛筆

〈問題〉　上の段を見てください。左のボールが星やハートの箱に入ると右のように変わります。
下の段を見てください。では、星とハートがつながった箱に入ると、左のボールはどのように変わるでしょうか。選んで○をつけてください。

〈時間〉　30秒

〈解答〉　左端

［2020年度出題］

学習のポイント

はじめに示された例では、１つひとつ別の箱だったものが、問題ではくっついてしまっていることで、難しく感じてしまうかもしれません。ですが、考え方に違いはありませんし、わかりにくようであれば、分割して考えてしまえばよいのです。星の箱に入ると２つ増えるので「○○○○」になります。ハートの箱に入ると白が黒に変わるので、「○○○○」が「●●●●」に変わります。箱が何個つながっていても、同じように考えることができるので、まずは１つひとつ確かめながら答えるようにしましょう。慣れてきたら頭の中で変化できるようになります。もし、本問がわかりにくいようでしたら、オセロのコマなどを用意して、箱の中の変化が実際に見えるようにしていくと、理解のサポートになります。

【おすすめ問題集】
　Ｊｒ・ウォッチャー32「ブラックボックス」

問題27　分野：推理（座標）

考え　観察

〈準　備〉　鉛筆

〈問　題〉　お話をよく聞いて動物のお家がどこにあるか探してください。

①パンダさんのお家は１番上の階にあります。キツネさんのお家の隣ではありません。パンダさんのお家に○を書いてください。
②ゾウさんのお家はクマさんのお家の隣です。ネズミさんのお家よりも下の階にあります。ゾウさんのお家に△を書いてください。

〈時　間〉　各15秒

〈解　答〉　下図参照

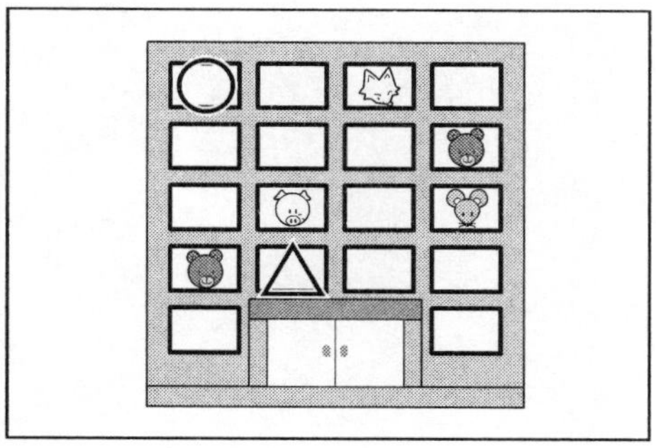

［2020年度出題］

学習のポイント

絵を見ながら問題を聞くことができるので、しっかり聞いていれば、難しい問題ではありません。こうした問題でも問題を先に読み上げて、後から絵を見せる出題形式の場合は、難しさが格段に上がります。少し練習が必要になりますが、対応できるようにしておきましょう。どちらにも対応できるようにしておけば安心です。つまずきそうなところをあげるとすれば、②でクマさんが２人いるところでしょうか。右上のクマさんだけに注目してしまうと、「クマさんの隣」という指示で右上のクマさんの隣、「ネズミさんより下」という指示でそのまま２段下がってしまう可能性があります。落ち着いて問題を聞いて、全体を見ることができれば、防ぐことのできるミスです。混乱しないように気を付けましょう。

【おすすめ問題集】

Ｊｒ・ウォッチャー２「座標」、31「推理思考」

問題28　分野：数量（数のやりとり）

考え　観察

〈準備〉　鉛筆

〈問題〉　①上の段を見てください。ウサギさんがミカンを２個持ってお家に帰ります。途中にいるクマさんからはミカンを１個ずつもらえます。サルさんにはミカンを１個あげなくてはいけません。お家に着いた時、ウサギさんはミカンを何個持っているでしょうか。その数の分だけ下の四角に○を書いてください。
②下の段を見てください。今度はウサギさんがミカンを３個持ってお家に帰ります。途中にいるクマさんからはミカンを１個ずつもらえます。サルさんにはミカンを１個ずつあげなくてはいけません。お家に着いた時、ウサギさんはミカンを何個持っているでしょうか。その数の分だけ下の四角に○を書いてください。

〈時間〉　①20秒　②30秒

〈解答〉　①○：３　②○：３

［2020年度出題］

学習のポイント

はじめてこうした問題に取り組む時には、数が見える形にしてあげるとよいでしょう。①では、はじめに２個持っていて、１個もらい、１個あげて、１個もらいます。これをおはじきなどを使って、実際にあげたりもらったりしながら進めていくのです。数字という概念を持っていない（という前提）のお子さまにとって、頭の中で数をたしたりひいたりすることは意外と難しい作業になります。頭の中で行う作業を、おはじきなどの具体物を使うことで、目で見えるようにするのです。そうすることで理解しやすくなり、繰り返すことで頭の中でもできるようになっていきます。図形や数量の分野では、具体物を使った学習は深い理解のサポートになるので、ぜひ取り入れてみてください。

【おすすめ問題集】
Ｊｒ・ウォッチャー38「たし算・ひき算１」、39「たし算・ひき算２」、43「数のやりとり」

問題29　分野：数量（ひき算、数を分ける）

考え　観察

〈準備〉　鉛筆

〈問題〉　上の絵を見てください。ウサギさん、キツネさん、サルさんが、それぞれ下の絵の数だけリンゴを拾いました。でも、サルさんが途中でリンゴを落としてしまい、みんなで拾ったりんごの数が四角の中の数になってしまいました。
①サルさんはリンゴを何個落としてしまったでしょうか。その数の分だけ下の四角に○を書いてください。
②残ったリンゴをみんな同じ数ずつ分けました。それぞれ何個ずつリンゴをもらったでしょうか。その数の分だけ下の四角に○を書いてください。

〈時間〉　各30秒

〈解答〉　①○：２　②○：３

［2020年度出題］

学習のポイント

まず、何を問われているのかを、きちんと理解しておきましょう。①では、３人が拾ったリンゴの数から、四角の中のリンゴの数をひくということです。②では、「残ったリンゴ」というのが、四角の中のリンゴだということがわかれば、問題なく解けるでしょう。小学校に入ってしまえば、①は、２＋４＋５－９＝２という形での単純な計算問題になりますが、小学校受験では、問題文を理解しないと計算までたどり着くことができません。数量の問題ではありますが、話を聞き、言葉を理解する力も必要とされるのです。そうした小学校受験の特性をしっかり理解せずに、ひたすら問題集ばかりをやっているだけでは、聞く力は身に付かないので注意してください。

【おすすめ問題集】

Ｊｒ・ウォッチャー38「たし算・ひき算１」、39「たし算・ひき算２」、
40「数を分ける」

問題30　分野：個別テスト（お話作り）

考え　話す

〈準　備〉　問題30の絵を線に沿って４枚に切り離しておく

〈問　題〉　（切り離した絵を渡す）
この４枚の絵を好きなように並べてお話を作ってください。

〈時　間〉　20秒（考える時間）

〈解　答〉　省略

［2020年度出題］

学習のポイント

本問でポイントになるのは、４枚の絵をすべて使うということです。お話がきちんと物語になっているかどうかは、さほど重要ではありません。そもそも、お話の出来を公平に評価することは難しいでしょう。そう考えると、４枚の絵をすべて使って、何とかお話らしきものが作れれば充分と言えます。口頭試問形式の課題の場合、答えという結果に重きを置いていることはあまり多くありません。それよりも、「問題をちゃんと聞いているか」「指示が理解できているか」「どのように考えているか」といった、答えを出すまでの過程が観られているのです。当校では、個別テストの問題数が多いことからも、結果だけではないところもしっかり評価するというねらいが感じられます。

【おすすめ問題集】

新口頭試問・個別テスト問題集、新ノンペーパーテスト問題集、
Ｊｒ・ウォッチャー21「お話作り」

問題31　分野：個別テスト（日常生活）

話す　公衆

〈準　備〉　なし

〈問　題〉　この問題の絵はありません。
あなたは公園で、みかさんとよしおくんといっしょにボールで遊んでいました。よしおくんの投げたボールが池の中に落ちてしまいました。そのボールはみかさんが買ってもらったばかりのボールでした。みかさんは悲しくて泣き出してしまいました。泣き出したみかさんを見て、よしおくんは困った顔をしています。

①あなたは、泣いているみかさんにどんな言葉をかけてあげますか。
②あなたは、困っているよしおくんにどんな言葉をかけてあげますか。

〈時　間〉　各10秒

〈解　答〉　省略

［2020年度出題］

学習のポイント

小学校入学後のシミュレーションのような問題です。ここでのポイントは、相手の立場で考えることです。ごく当たり前の行動ができていれば問題ありません。泣いている友だちには慰めの言葉を、困っている友だちには何か力になってあげられる言葉をかけてあげることができればよいでしょう。質問をされた時に、自然に答えることができれば、なおよいでしょう。考えて込んで答えるような問題ではないので、自分の思っていることを素直に伝えることが重要です。学校も特別な言葉かけを求めているわけではありません。泣いている友だち、困っている友だちの気持ちを、わかってあげることができているかどうかを観ているのです。

【おすすめ問題集】
新口頭試問・個別テスト問題集、新ノンペーパーテスト問題集

問題32　分野：個別テスト（しりとり）

語彙　考え

〈準　備〉　問題32の絵を線に沿って８枚に切り離しておく

〈問　題〉　（切り離した絵を渡す）
このカードを使ってしりとりをします。４枚のカードを選んで「ん」で終わるように並べてください。

〈時　間〉　50秒

〈解　答〉　椅子→スイカ→カメ→メロン

［2020年度出題］

学習のポイント

まず、指示をきちんと理解してから始めましょう。指示は、「４枚の」「『ん』で終わる」カードを選ぶです。ペーパーテストではないので、正解できればよしというものではありません。どう考えているのかも観ています。まず、最後に「ん」がつくカードを探すのか、とりあえずつながりそうなカードを探すのかなど、どうやって答えにたどり着こうとしているのかを観ているのです。正直、どう考えれば評価が高いかはわかりませんが、何となく並べて正解したのでは評価が低いことは間違いありません。ペーパーに取り組む際も、正解か不正解かをチェックするだけではなく、たまたまできたのか、考えてできたのかまで確認するようにしてください。

【おすすめ問題集】
新口頭試問・個別テスト問題集、新ノンペーパーテスト問題集、
Ｊｒ・ウォッチャー49「しりとり」

問題33　分野：個別テスト（言葉の音）

語彙　考え

〈準備〉　問題33－１の絵を線に沿って５枚に切り離しておく

〈問題〉　（問題33－２の絵を渡す）
上の段を見てください。この箱は、入れたものの言葉の音をどれか１つ変えてしまう魔法の箱です。この箱に「ペン」を入れると、言葉の音が１つ変わって、「パン」になります。
（切り離した絵を渡す）
①下の段を見てください。左の絵を箱に入れると何に変わりますか。カードを選んでください。
（問題33－３の絵を渡す）
②この後、続けて箱に入れていくとどう変わるでしょうか。カードを順番に並べてください。

〈時間〉　①10秒　②30秒

〈解答〉　①カイ　②カイ→サイ→皿→トラ→トリ

［2020年度出題］

学習のポイント

ペーパーテストで行われた問題22と似ているので、混同しないようにしましょう。問題22は１文字入れるでしたが、本問は１音変わるです。すべて２音で成り立っていますが、変化する音が、はじめの音か終わりの音かわかりません。そこが少し難しいところです。本問に関しては、口頭試問ということを意識せず、シンプルに正解を目指していく方法でよいでしょう。実際に絵を置きながら解いていくことができるので、ペーパーテストよりもやりやすいかもしれません。ただ、それほど解答時間が長くないので、あまり考えている時間はないでしょう。テンポよく進められるように、言葉を音としてしっかりととらえられるようにしてください。

【おすすめ問題集】
新口頭試問・個別テスト問題集、新ノンペーパーテスト問題集、
Ｊｒ・ウォッチャー17「言葉の音遊び」、60「言葉の音（おん）」

問題34　分野：個別テスト（一対多の対応）

考え　観察

〈準 備〉　おはじき

〈問 題〉　**この問題の絵は縦に使用してください。**
上の段を見てください。黒いロボットは、絵にある数の箱をもらうと運びます。白いロボットも、絵にある数の箱をもらうと運びます。

①真ん中の段を見てください。このロボットたちは、箱を何個運ぶことができるでしょうか。その数だけ四角の中におはじきを置いてください。
②下の段を見てください。できるだけ少ない数のロボットで、箱を運びたいと思います。今、ロボットが１台あります。後何台あればすべての箱を運ぶことができるでしょうか。増やすロボットの分だけ四角の中におはじきを置いてください。黒いロボットは黒いおはじきを、白いロボットは白いおはじきを置きましょう。

〈時 間〉　①20秒　②30秒

〈解 答〉　①７個　②黒：１個、白：２個

［2020年度出題］

学習のポイント

まずは、条件をしっかり把握するところから始めましょう。黒いロボットは箱２つ、白いロボットは箱３つの時にしか運びません。それ以上でもそれ以下でも運ばないということです。考え方としては、数量分野の「一対多の対応」と呼ばれるもので、かけ算の基礎となる学習です。①では、黒・黒・白なので、２個・２個・３個とおはじきを置いていけばよいのです。②では、箱が10個ありますが、「増やすロボットの数」を求めるので、今いる黒いロボットの分を取ってしまいます。そうすると箱は８個になり、「できるだけ少ない数のロボットで」という条件もあるので、白いロボットを先に使い、８個から３個、３個取ると残りは２個になるので、黒いロボットを使って運ぶことができます。ここでもおはじきを置いて解答するのですが、ロボットの色に合わせたおはじきを置かなくてはいけないので注意しましょう。

【おすすめ問題集】
新口頭試問・個別テスト問題集、新ノンペーパーテスト問題集、
Ｊｒ・ウォッチャー42「一対多の対応」

問題35　分野：個別テスト（図形の構成）

考え　観察

〈準備〉　問題35－１の形に指示された色を塗って、切り離しておく

〈問題〉　（切り離したパーツを渡す）
①左の見本と同じ大きさで形を作ってください。
②残ったパーツを使って、右の見本と同じ形を作ってください。
③残ったパーツに、①で使ったパーツを加えて、右の見本を②とは違う並べ方で作ってください。

〈時間〉　①20秒　②30秒　③30秒

〈解答例〉　下図参照

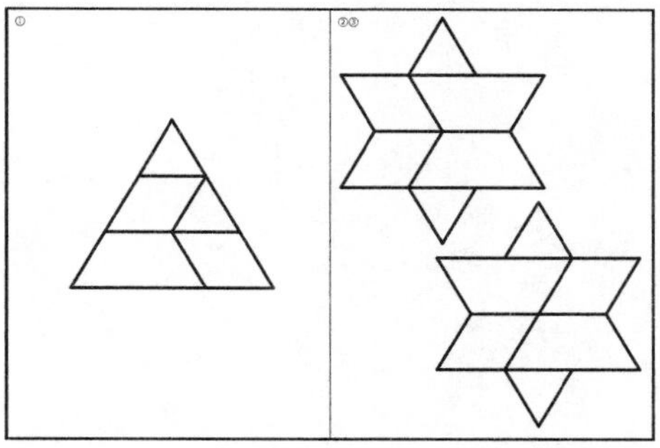

［2020年度出題］

学習のポイント

図形の基礎学習がそのまま入学試験で行われているような問題です。ここでのポイントは、同じ形でもさまざまなパターンがあるということです。①にしても何通りの作り方がありますし、②から③は、まさにその点が問題として出されています。こうして、実際に手を動かして形を作るということで、さまざまな視点からものを見る感覚を養うことができます。まさに、本問ではそうしたところが観点になっているので、頭で考えるだけではなく、実際に切り抜いて、お子さま自身の手で形を作らせるようにしてください。目で見て、手を動かすことでしか得ることのできない感覚もあります。ペーパー学習に偏らず、基礎学習も大事にしてください。

【おすすめ問題集】
新口頭試問・個別テスト問題集、新ノンペーパーテスト問題集、
Ｊｒ・ウォッチャー３「パズル」、54「図形の構成」

問題36　分野：個別テスト（座標の移動）

考え　観察

〈準備〉　問題36-２の下の段の形に指示された色を塗って、切り離しておく

〈問題〉　**この問題の絵は縦に使用してください。**
上の段を見てください。車のおもちゃは、カードを並べたとおりに動きます。「緑色のカードで車は１マス進みます」「赤色のカードで車は右を向きます。向きが変わるだけで車は進みません」「黄色のカードで車は左を向きます。向きが変わるだけで車は進みません」

（問題36-２上の段の絵と下の段の車カードを渡す）
①真ん中の段を見てください。絵の位置に車があります。カードを赤・緑・緑の順番に並べると、車はどう進むでしょうか。車を動かしてください。
（準備で切り離した色カードを渡す）
②下の段を見てください。車が星のマスに着くためには、どの順番にカードを並べればよいでしょうか。カードを並べてください。

〈時間〉　①20秒　②30秒

〈解答〉　①右を向く→前に進む→前に進む（１番下の段の右端に着く／車は右向き）
②緑色・緑色・黄色・緑色・緑色など

［2020年度出題］

学習のポイント

本問は、昨今話題になっているプログラミング学習そのものです。プログラミングを大雑把に説明すると、コンピューターに指示を与えることです。本問で言うと、「前に１マス進む」「右を向く」「左を向く」という１つひとつがプログラムになります。これらを組み合わせることで、②のような車を目的地まで進めるといったことができるようになります。順序立てて論理的に考えることをプログラミング的思考と呼ぶように、コンピューターに限らず、ものごとを論理的に考えていく力が、プログラミング学習では求められているのです。本問は、そうした力を観るための問題です。小学校受験でも、論理的に考える力が必要になってきているということです。

【おすすめ問題集】
新口頭試問・個別テスト問題集、新ノンペーパーテスト問題集、
Ｊｒ・ウォッチャー47「座標の移動」、57「置き換え」

問題37　分野：行動観察

考え　話す

〈準備〉　①丸めた紙　②重りのついたパラシュート、重りのついていないパラシュート

〈問題〉　**この問題の絵はありません。**
（集団での授業形式の中で行われる）
①（丸めた紙を渡す）
この紙を落ち葉のようにひらひらと落としてみましょう。
②（２つのパラシュートを渡す）
狙ったところにパラシュートを落とすにはどちらを使えばよいでしょうか。
（答えた後に）
どうしてそれを選んだのですか。

〈時間〉　適宜

〈解答〉　省略

［2020年度出題］

学習のポイント

「ひらひら落とす」「狙ったところに落とす」という、与えられた課題をクリアするためにどうすればよいかということが、本問では問われています。正解があるにはありますが、そうした点よりも、どう考え、どう試行錯誤したかが観られていると言えるでしょう。どうしたらひらひら落とせるのか、どちらが狙ったところに落としやすいのかを考えさせ、②ではその根拠を聞いています。単純に正解不正解を求めるのではなく、わからないことに挑むことができるかどうかという点を学校は観ています。行動観察では、お子さまのやる気や前向きに取り組む気持ちなども観られています。わからないことやできないことにも、あきらめない姿勢を身に付けておくようにしましょう。

【おすすめ問題集】
新口頭試問・個別テスト問題集、新ノンペーパーテスト問題集、
Ｊｒ・ウォッチャー29「行動観察」

問題38　分野：制作

聞く　創造

〈準備〉　Ａ３サイズの色画用紙（見本のように切り込み線とのりしろを書いておく）、色画用紙数枚（飾り付け用）、ハサミ、スティックのり、洗濯バサミ

〈問題〉　**この問題は絵を参考にしてください。**
①Ａ３の色画用紙を線が書いてある方を外側にして、筒状に丸てください。できたら、端をのりで貼り合わせ、はがれないように洗濯バサミで留めてください。
②のりがついたら、切り込み線に沿って、ハサミで切ってください。切ったら外側に広げて、貼り合わせてください。
③最後に飾り付け用の画用紙を使って、自由に冠を飾り付けてください。

〈時間〉　約20分

〈解答〉　省略

［2020年度出題］

学習のポイント

作業としては、切ると貼るのみですが、立体的な形をしているので１枚の紙からどうやって作るのかを想像するのが難しいかもしれません。制作の前に、映像で作り方の説明があるのでよく見ておくようにしましょう。作る上でのポイントとしては、紙を筒状に丸めた状態で貼り合わせるところになります。紙が広がってしまったり、うまく貼り合わせることができなかったりすることがあります。はじめにしっかりと丸めて、くせをつけておきましょう。最後に、自由に飾り付けをするのですが、自由だからといって飾り付けをしないということはやめましょう。それほど難しい作業がない分、アピールするチャンスでもあります。思い切って自由に楽しみながら飾り付けをしてください。

【おすすめ問題集】
実践 ゆびさきトレーニング①・②・③、
Ｊｒ・ウォッチャー23「切る・貼る・塗る」

問題39 分野：運動

聞く 集中

〈準 備〉 なし

〈問 題〉 この問題の絵はありません。
①行進、クマ歩き、両足ジャンプなど
②サーキット運動（ケンパー→クマ走り→前転→ダッシュ）

〈時 間〉 適宜

〈解 答〉 省略

［2020年度出題］

学習のポイント

オーソドックスな運動の課題なので、特別な対策は必要ないでしょう。ただ、苦手な課題があるとしたら、克服しておいた方がよいでしょう。課題がうまくできないからダメということはありませんが、苦手があると、どうしても気持ちが後ろ向きになってしまい、運動課題全体に影響してしまう可能性があります。得意ではないにしても、その課題が嫌ではない程度にはしておきましょう。運動は待ち時間が長いので、自分が課題を行っていない時間の態度も重要になります。おしゃべりをしたり、ふざけたりしてはいけません。また、運動が得意だからといって、軽く流すように課題を行うのはもってのほかです。どんな課題でも一生懸命に取り組むことは最低限のルールです。

【おすすめ問題集】
新運動テスト問題集、Ｊｒ・ウォッチャー28「運動」

問題40　分野：面接

聞く　話す

〈準備〉　なし

〈問題〉　この問題の絵はありません。

【保護者へ】
・当校への志望理由を教えてください。
・本校をどのようにして知りましたか。
・ご家庭の教育方針を教えてください。
・お休みの日はどのようにお子さんと過ごしていますか。
・子ども同士で何かトラブルがあった時はどう対応しますか。
・子育てで気を付けていることはありますか。
・お子さまが、今１番興味を持っていることは何ですか。
・お子さまの成長を感じるのはどんな時ですか。

【志願者へ】
・お名前を教えてください。
・通っている幼稚園（保育園）の名前を教えてください。
・幼稚園（保育園）で楽しかったことを教えてください。
・この学校の名前を教えてください。
・小学生になったら、学校で何をしたいですか。
・大きくなったら何になりたいですか。
・ここまでどうやって来ましたか。
・好きな本はありますか。その理由も教えてください。

〈時間〉　15分程度

〈解答〉　省略

［2020年度出題］

学習のポイント

それほど込み入った質問をされることはないので、リラックスして面接に臨みましょう。面接は、本番ではそれほどできることはありません。それまでの子育てや躾の集大成という位置付けになります。だからこそふだんの生活が大切になります。面接をする先生方は、毎年多くの保護者を面接をしてきているので、付け焼き刃の対応はすぐに見抜かれてしまいます。特にお子さまは、面接の時だけ取り繕うなどという器用なことはできません。多少はよそ行きの態度になってしまうかもしれませんが、できるだけ正直に話ができるように、ふだんから心がけておきましょう。面接はアピールの場ではないので、背伸びせず、いつもの姿を見せる気持ちでいることができれば緊張もしないでしょう。

【おすすめ問題集】
面接テスト問題集、新 小学校受験の入試面接Ｑ＆Ａ

昭和学院小学校　専用注文書

年　月　日

合格のための問題集ベスト・セレクション

＊入試頻出分野ベスト３

1st お話の記憶
聞く力　集中力

2nd 図　形
考える力　観察力

3rd 口頭試問
聞く力　話す力　考える力

ペーパーテストの出題範囲は、多岐にわたってバランスよく出題されています。口頭試問においても「聞く」「話す」だけでなく、ペーパーテスト同様の「考える力」が求められる問題が見られます。

分野	書　名	価格(税抜)	注文	分野	書　名	価格(税抜)	注文
図形	Ｊr・ウォッチャー 2「座標」	1,500 円	冊	数量	Ｊr・ウォッチャー 42「一対多の対応」	1,500 円	冊
図形	Ｊr・ウォッチャー 3「パズル」	1,500 円	冊	数量	Ｊr・ウォッチャー 43「数のやりとり」	1,500 円	冊
図形	Ｊr・ウォッチャー 5「回転・展開」	1,500 円	冊	図形	Ｊr・ウォッチャー 45「図形分割」	1,500 円	冊
言語	Ｊr・ウォッチャー 17「言葉の音遊び」	1,500 円	冊	図形	Ｊr・ウォッチャー 46「回転図形」	1,500 円	冊
記憶	Ｊr・ウォッチャー 19「お話の記憶」	1,500 円	冊	推理	Ｊr・ウォッチャー 47「座標の移動」	1,500 円	冊
想像	Ｊr・ウォッチャー 21「お話作り」	1,500 円	冊	言語	Ｊr・ウォッチャー 49「しりとり」	1,500 円	冊
運動	Ｊr・ウォッチャー 28「運動」	1,500 円	冊	図形	Ｊr・ウォッチャー 54「図形の構成」	1,500 円	冊
観察	Ｊr・ウォッチャー 29「行動観察」	1,500 円	冊	推理	Ｊr・ウォッチャー 57「置き換え」	1,500 円	冊
推理	Ｊr・ウォッチャー 31「推理思考」	1,500 円	冊	言語	Ｊr・ウォッチャー 60「言葉の音（おん）」	1,500 円	冊
推理	Ｊr・ウォッチャー 32「ブラックボックス」	1,500 円	冊		１話５分の読み聞かせお話集①・②	1,800 円	各　冊
常識	Ｊr・ウォッチャー 34「季節」	1,500 円	冊		お話の記憶問題集 中級編・上級編	2,000 円	各　冊
数量	Ｊr・ウォッチャー 38「たし算・ひき算１」	1,500 円	冊		新口頭試問・個別テスト問題集	2,500 円	冊
数量	Ｊr・ウォッチャー 39「たし算・ひき算２」	1,500 円	冊		新ノンペーパーテスト問題集	2,600 円	冊
数量	Ｊr・ウォッチャー 40「数を分ける」	1,500 円	冊		実践 ゆびさきトレーニング①・②・③	2,500 円	各　冊

合計	冊	円

（フリガナ） 氏　名	電　話 ＦＡＸ E-mail
住 所　〒　　　－	以前にご注文されたことはございますか。 有　・　無

★お近くの書店、または記載の電話・FAX・ホームページにてご注文をお受けしております。
電話：03-5261-8951　FAX：03-5261-8953　代金は書籍合計金額＋送料がかかります。
※なお、落丁・乱丁以外の理由による商品の返品・交換には応じかねます。
★ご記入頂いた個人に関する情報は、当社にて厳重に管理致します。なお、ご購入の商品発送の他に、当社発行の書籍案内、書籍に関する調査に使用させて頂く場合がございますので、予めご了承ください。

日本学習図書株式会社
http://www.nichigaku.jp

☆国府台女子学院小学部

問題1

①

②

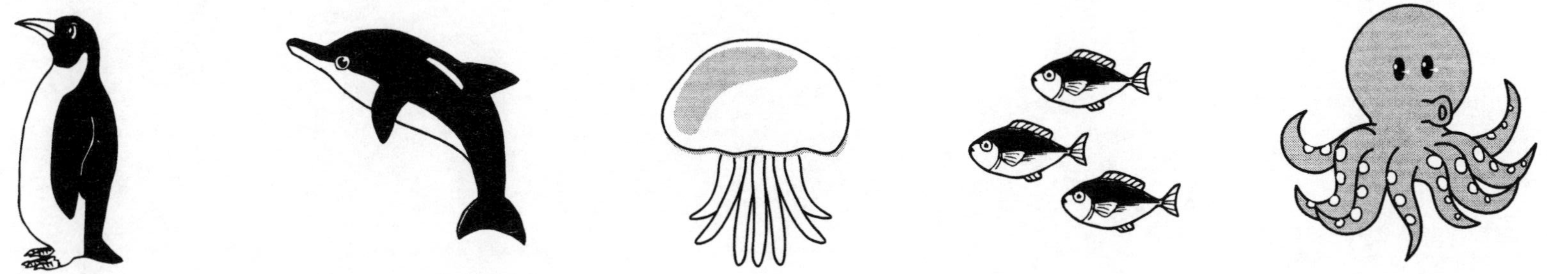

③

④

問題２－１

問題２－２

　

日本学習図書株式会社

問題３－１

日本学習図書株式会社

☆国府台女子学院小学部

問題３－２

①

②

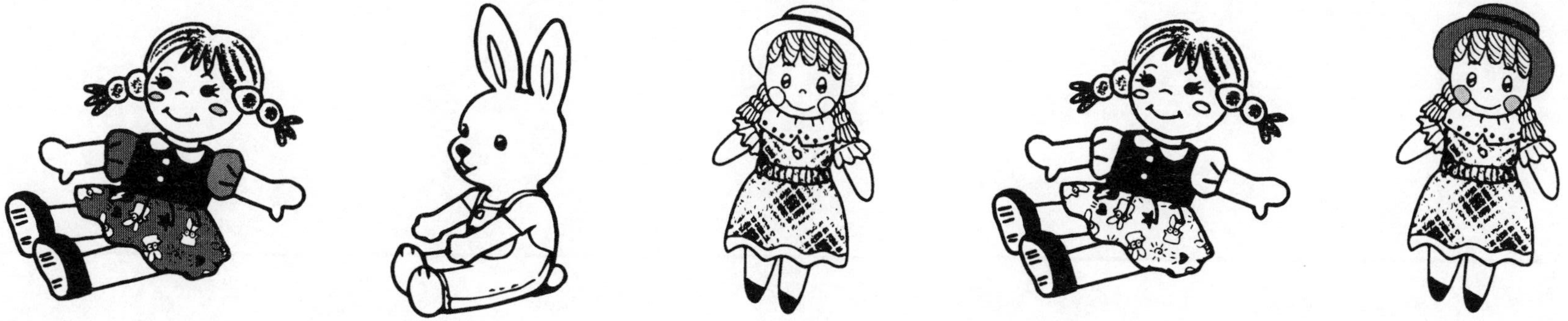

③

日本学習図書株式会社

問題 4

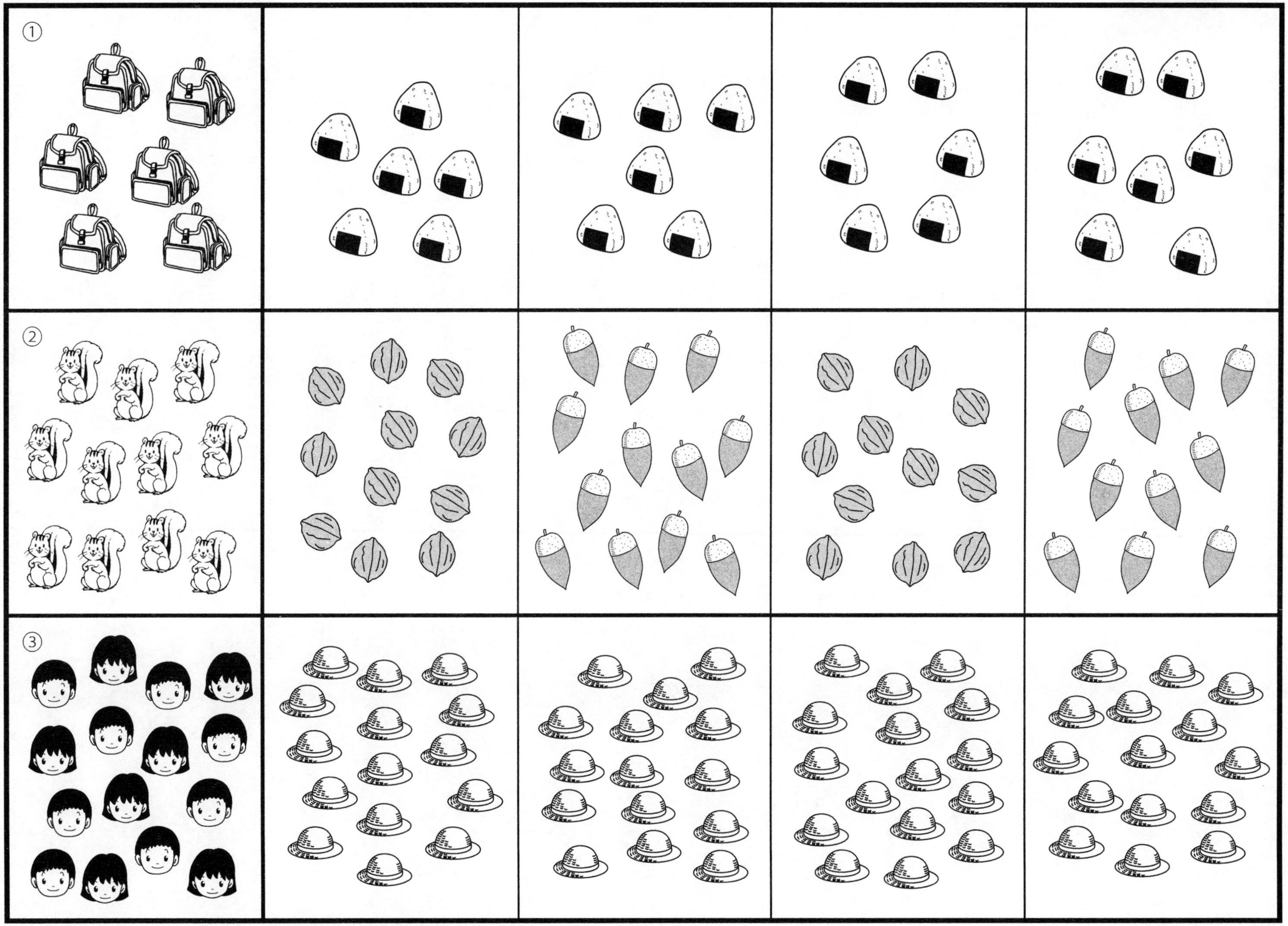

問題5

☆国府台女子学院小学部

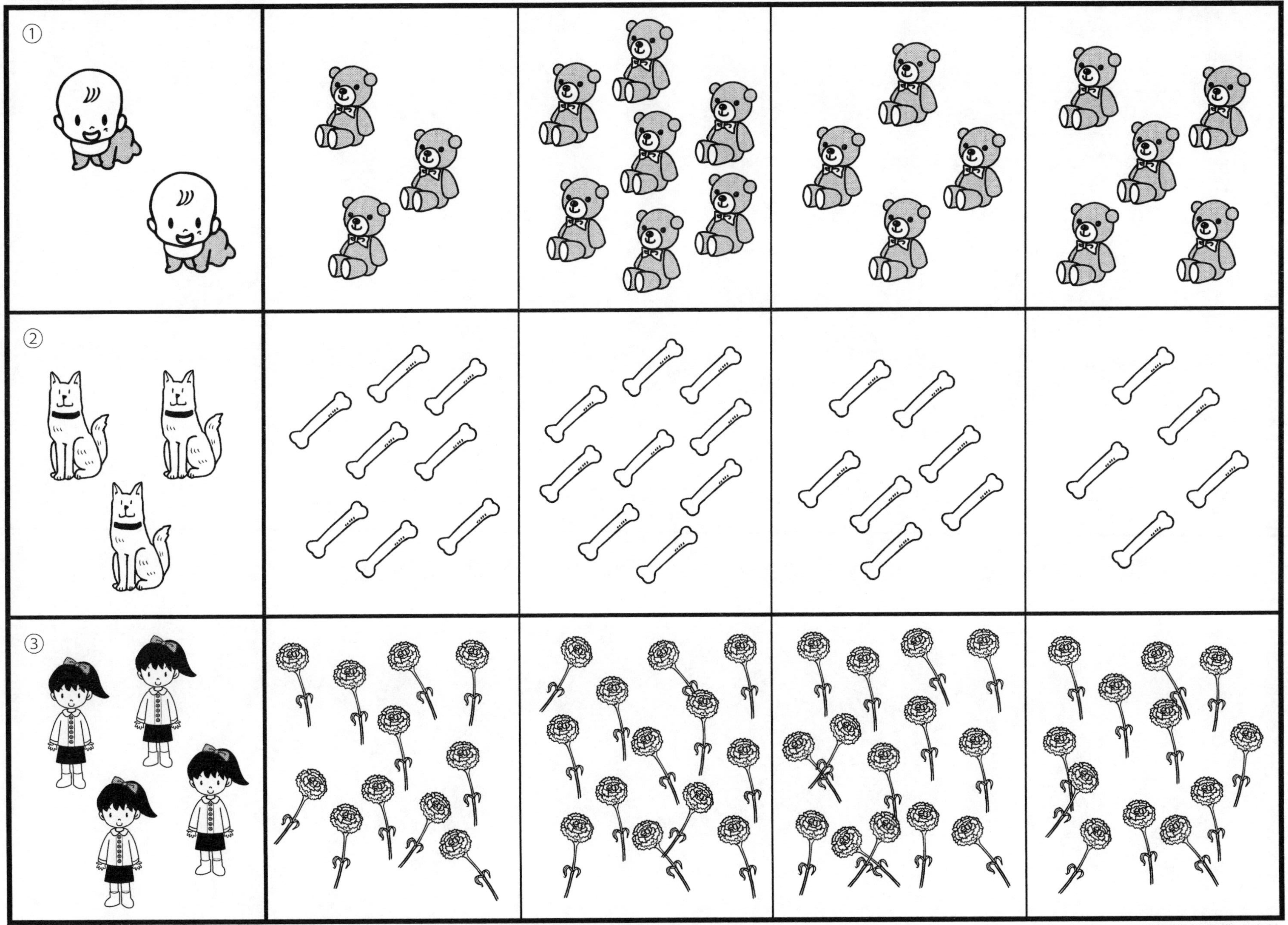

問題6－1

①

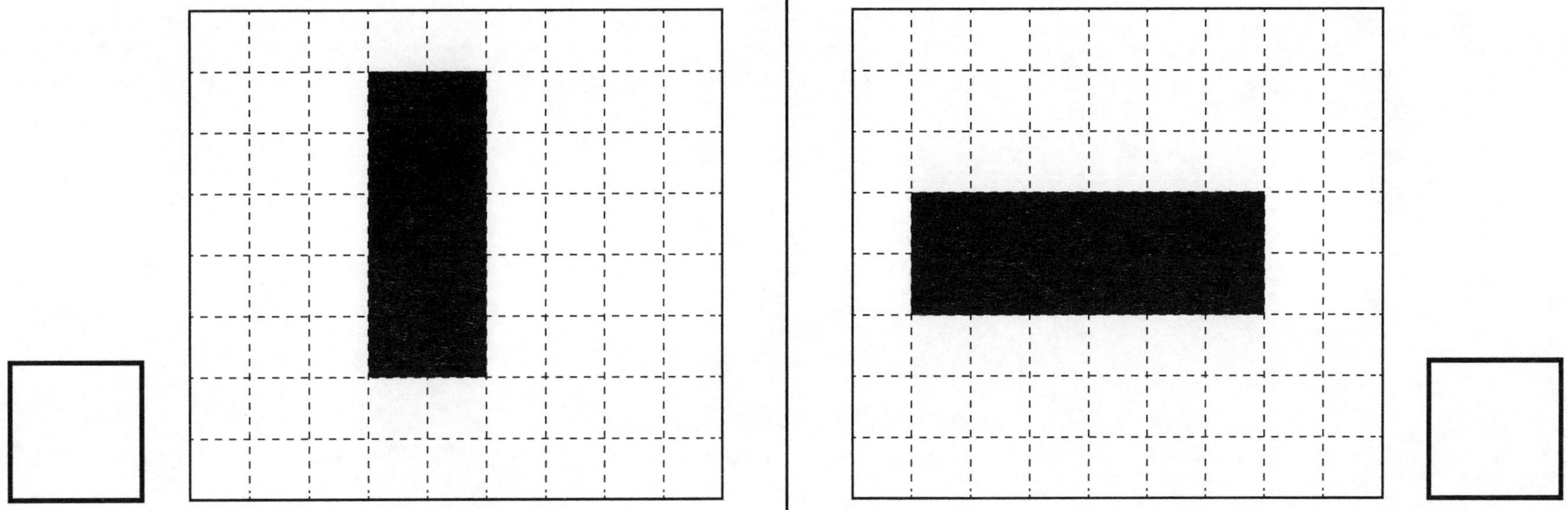

②

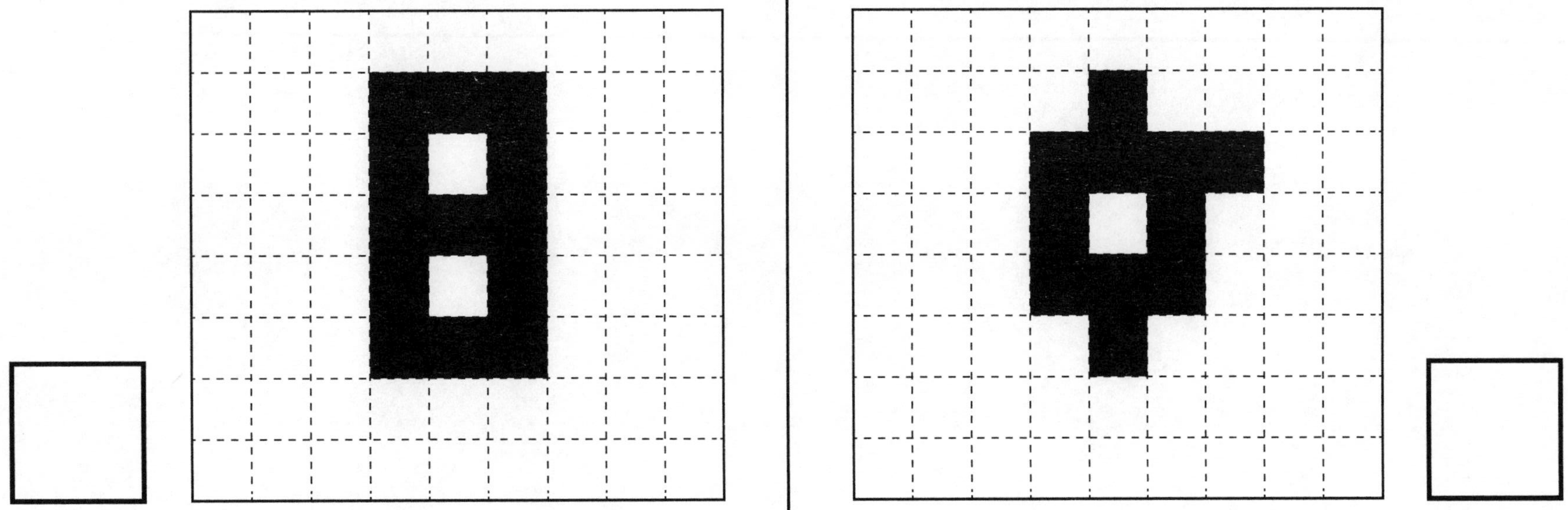

日本学習図書株式会社

問題6－2

③

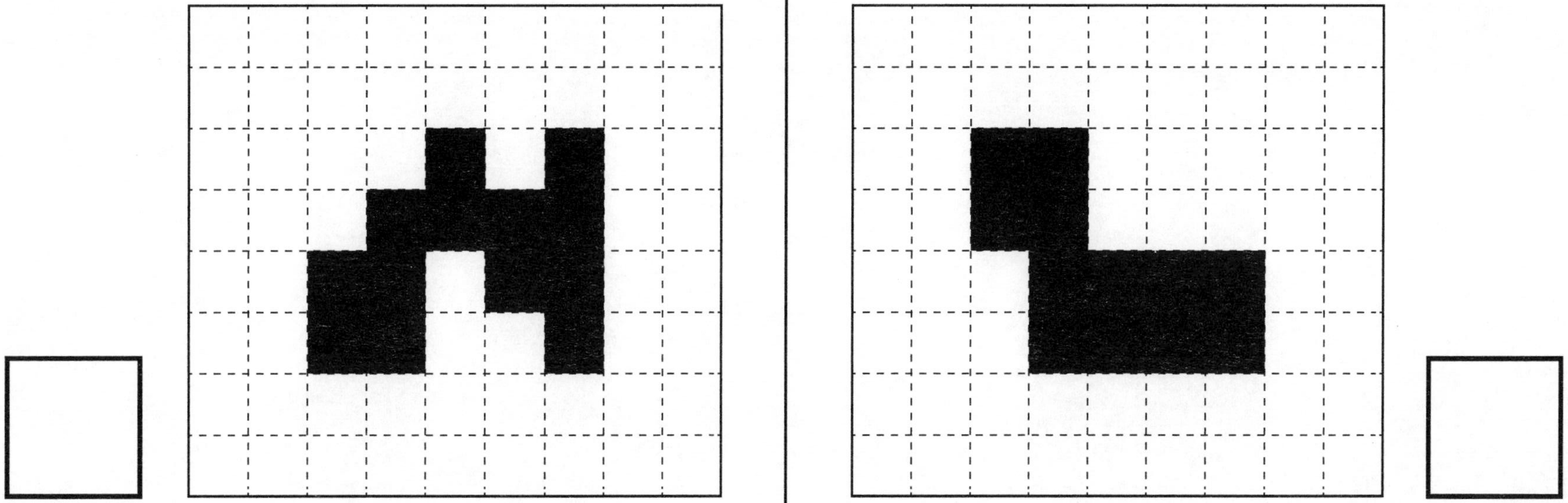

④

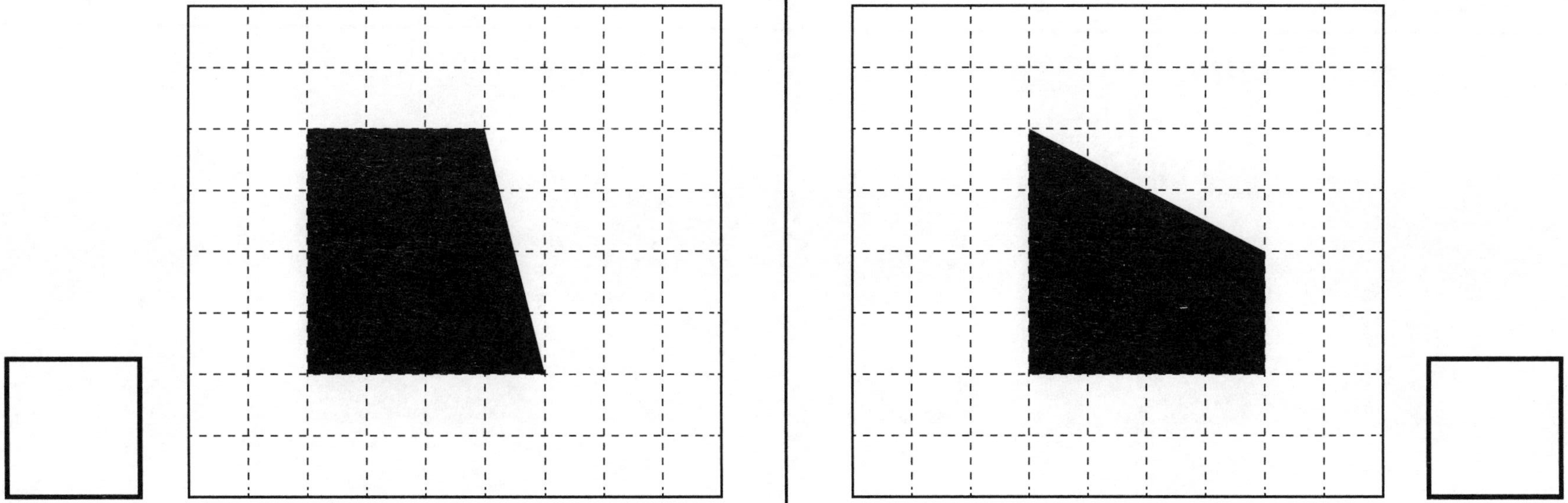

日本学習図書株式会社

☆国府台女子学院小学部

問題 7

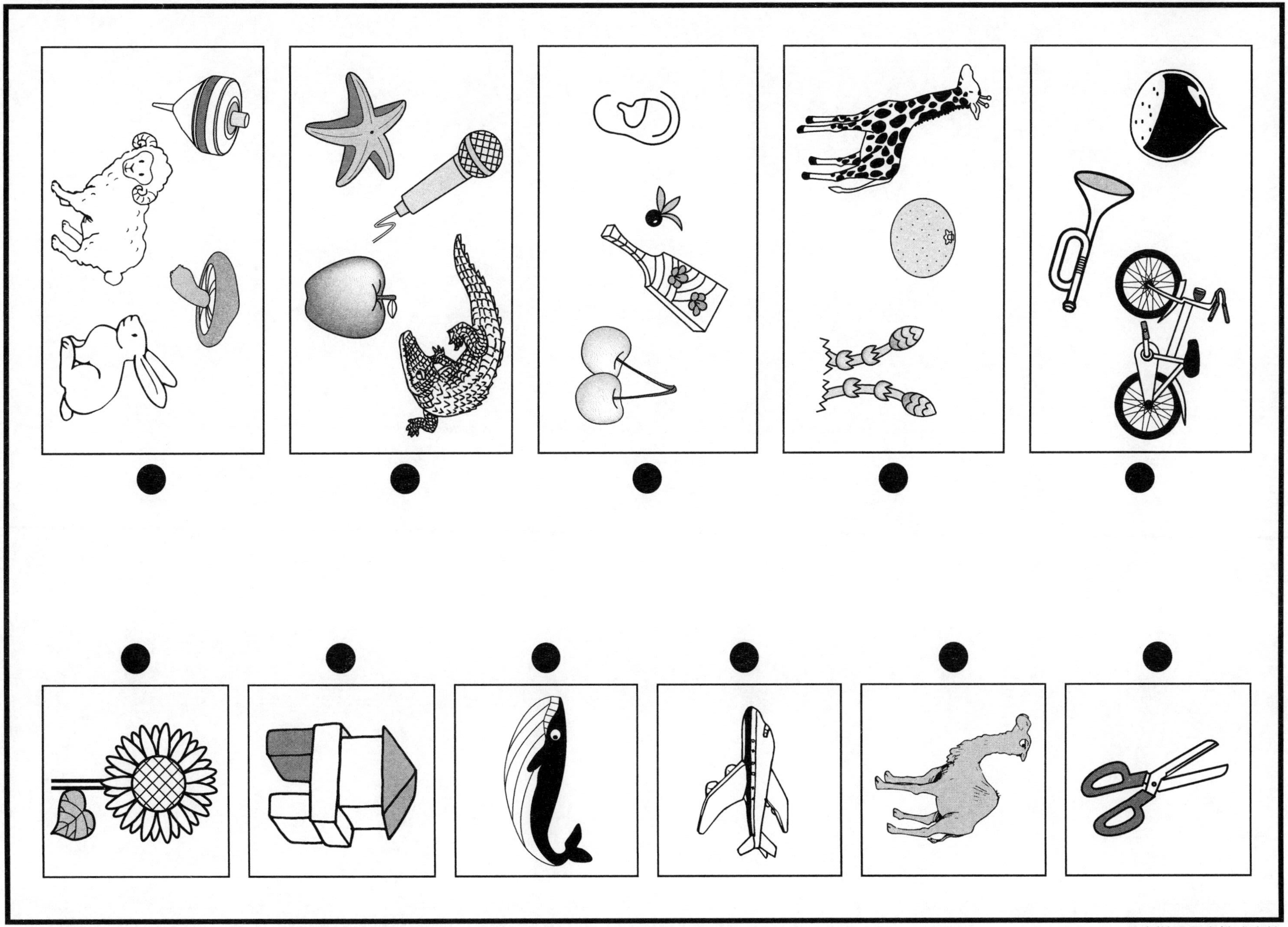

問題 8

①

②

③

④

⑤

問題9

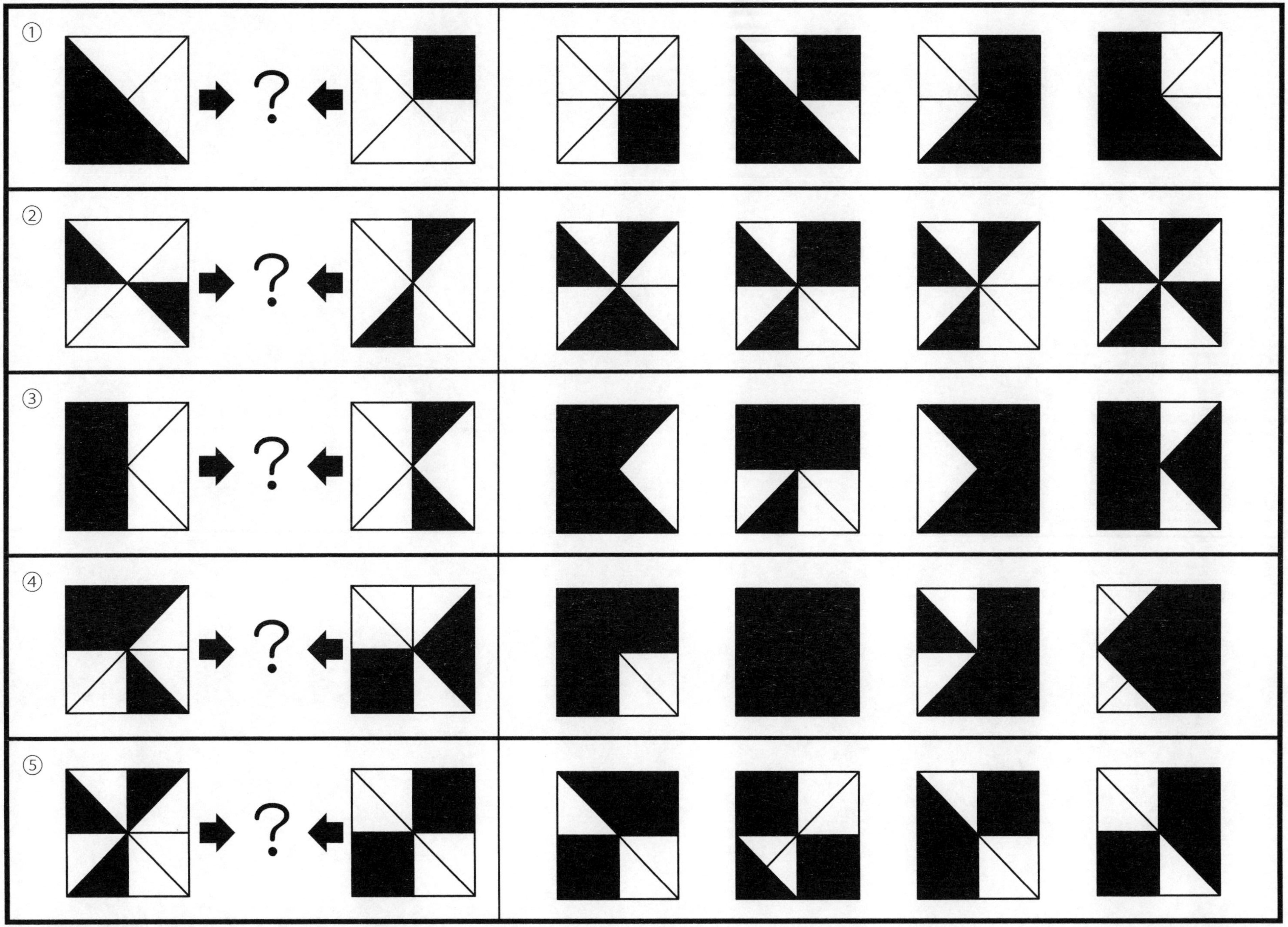

日本学習図書株式会社

問題１２

①

②

③

④

問題１３－１

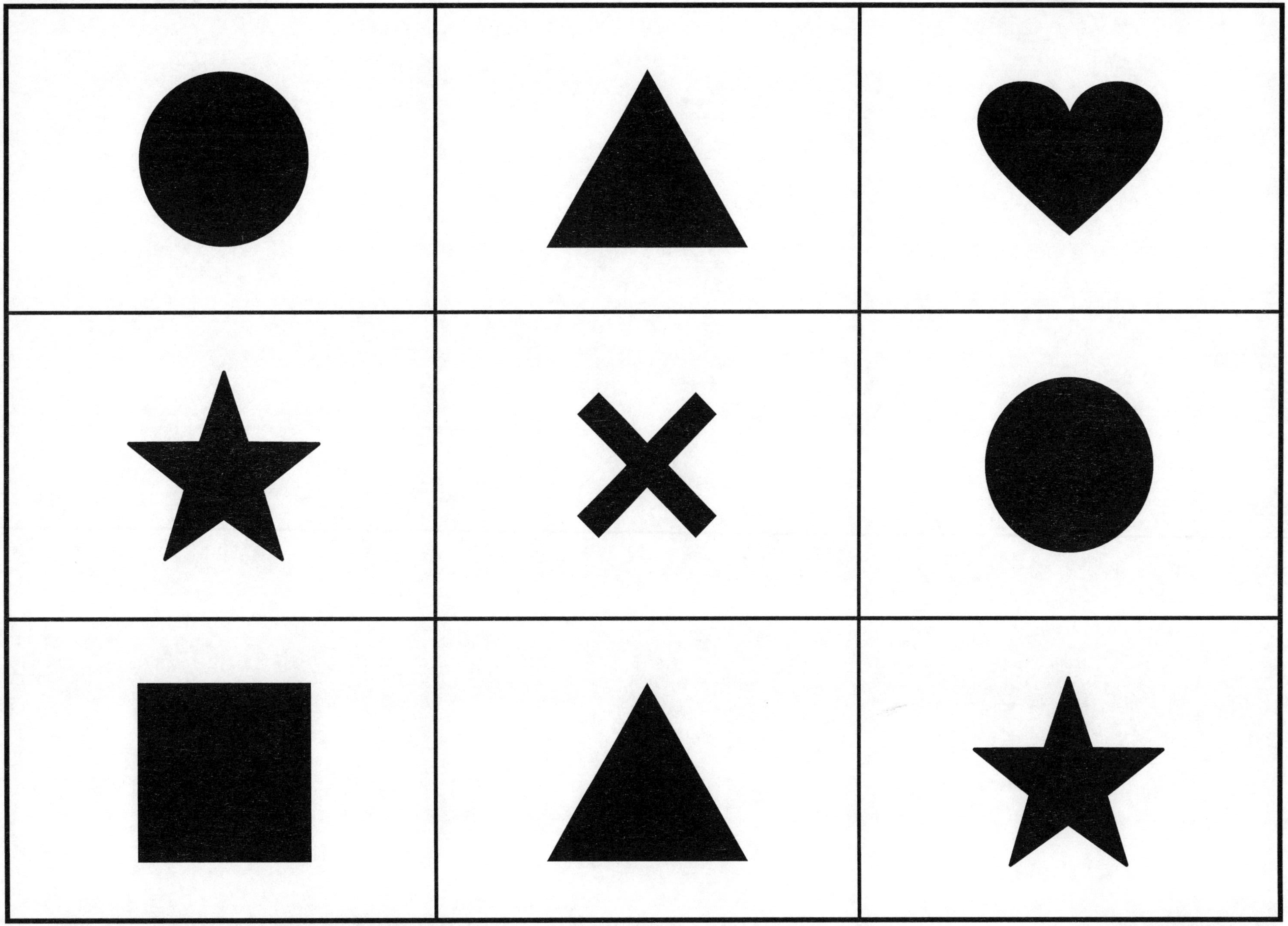

日本学習図書株式会社

問題１３－２

問題１４－１

問題１４－２

問題１４－３

☆国府台女子学院小学部

問題１４－４

日本学習図書株式会社

2021年度版 国府台・昭和学院 過去 無断複製／転載を禁ずる　　日本学習図書株式会社

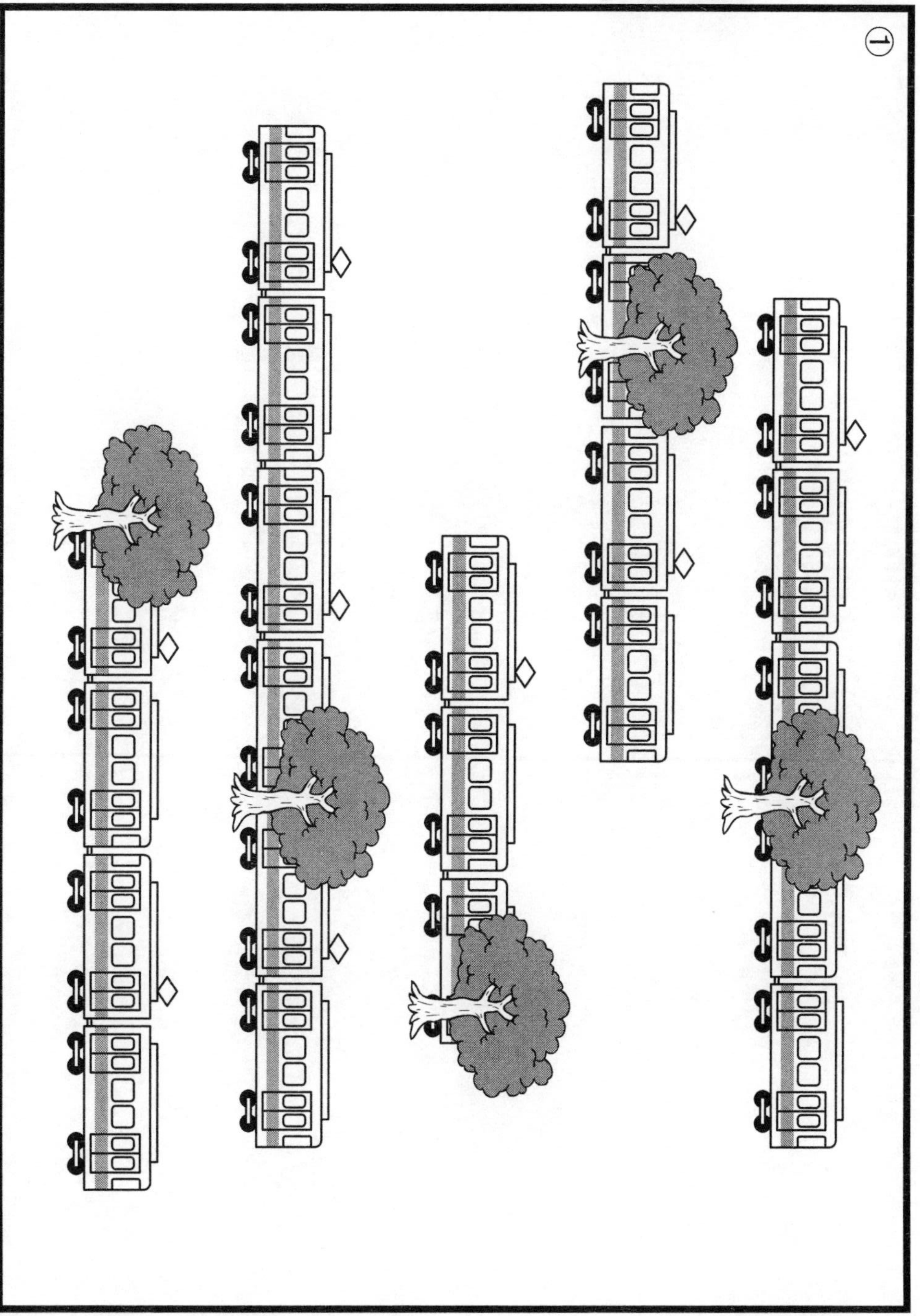

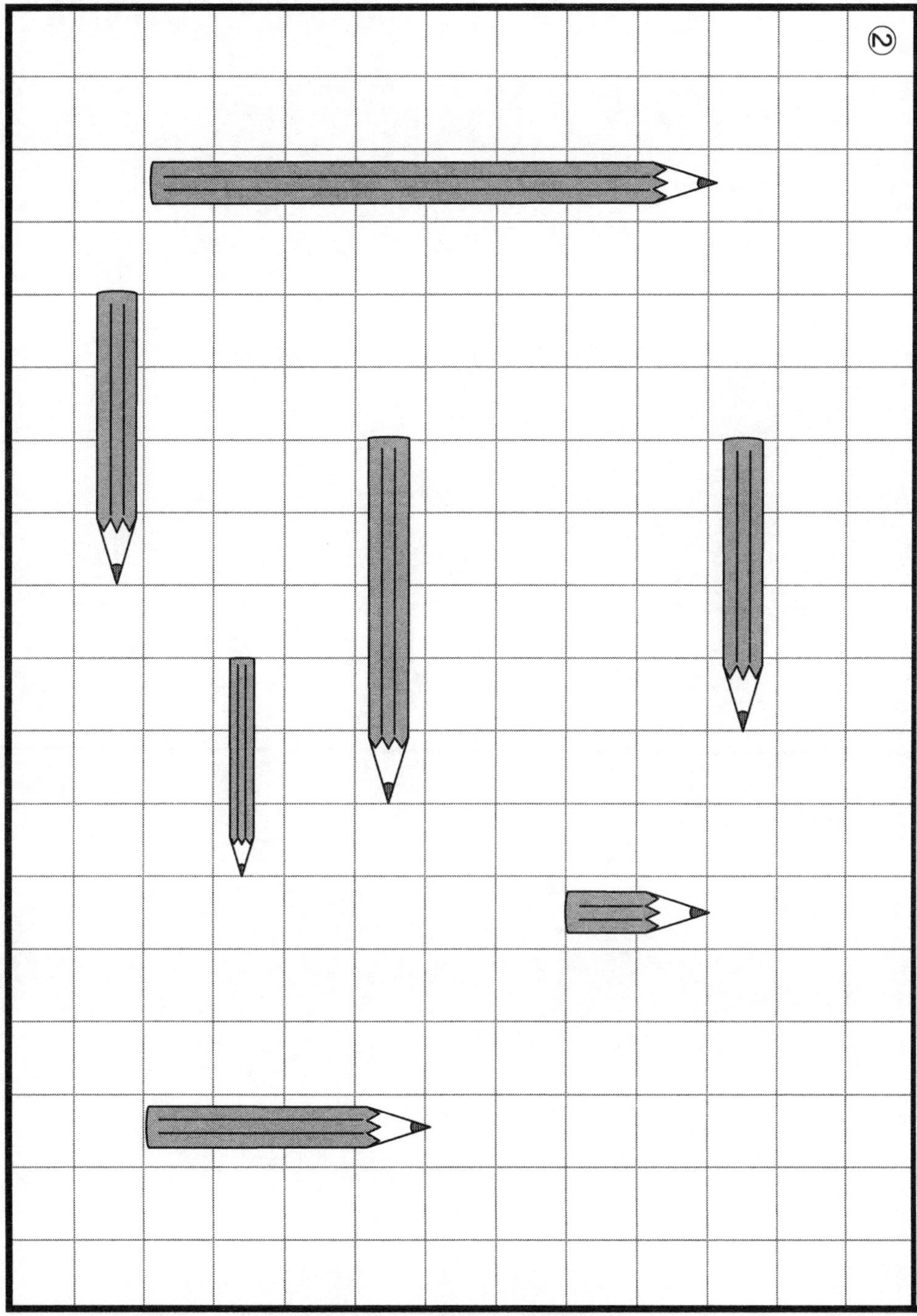

問題 16

☆国府台女子学院小学部

①

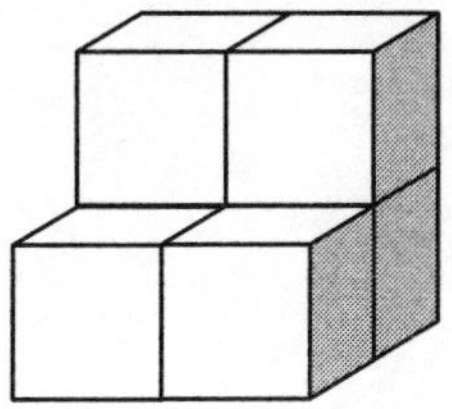

②

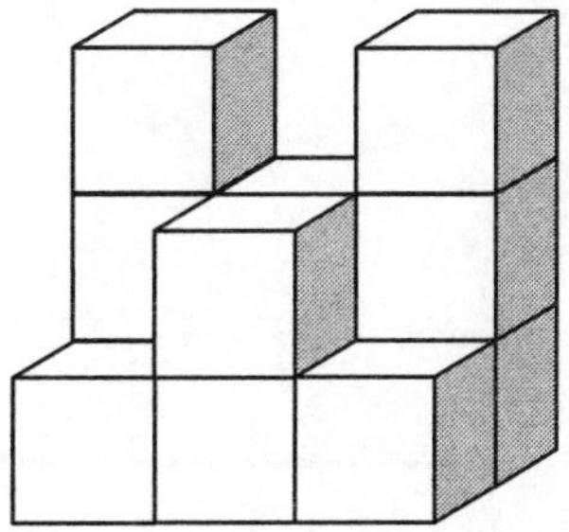

③

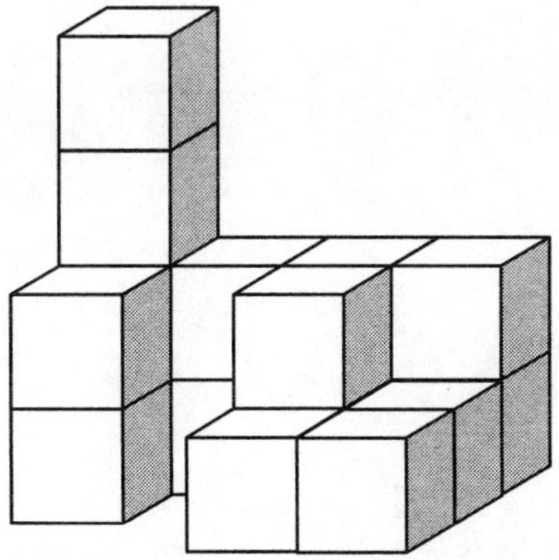

問題１７

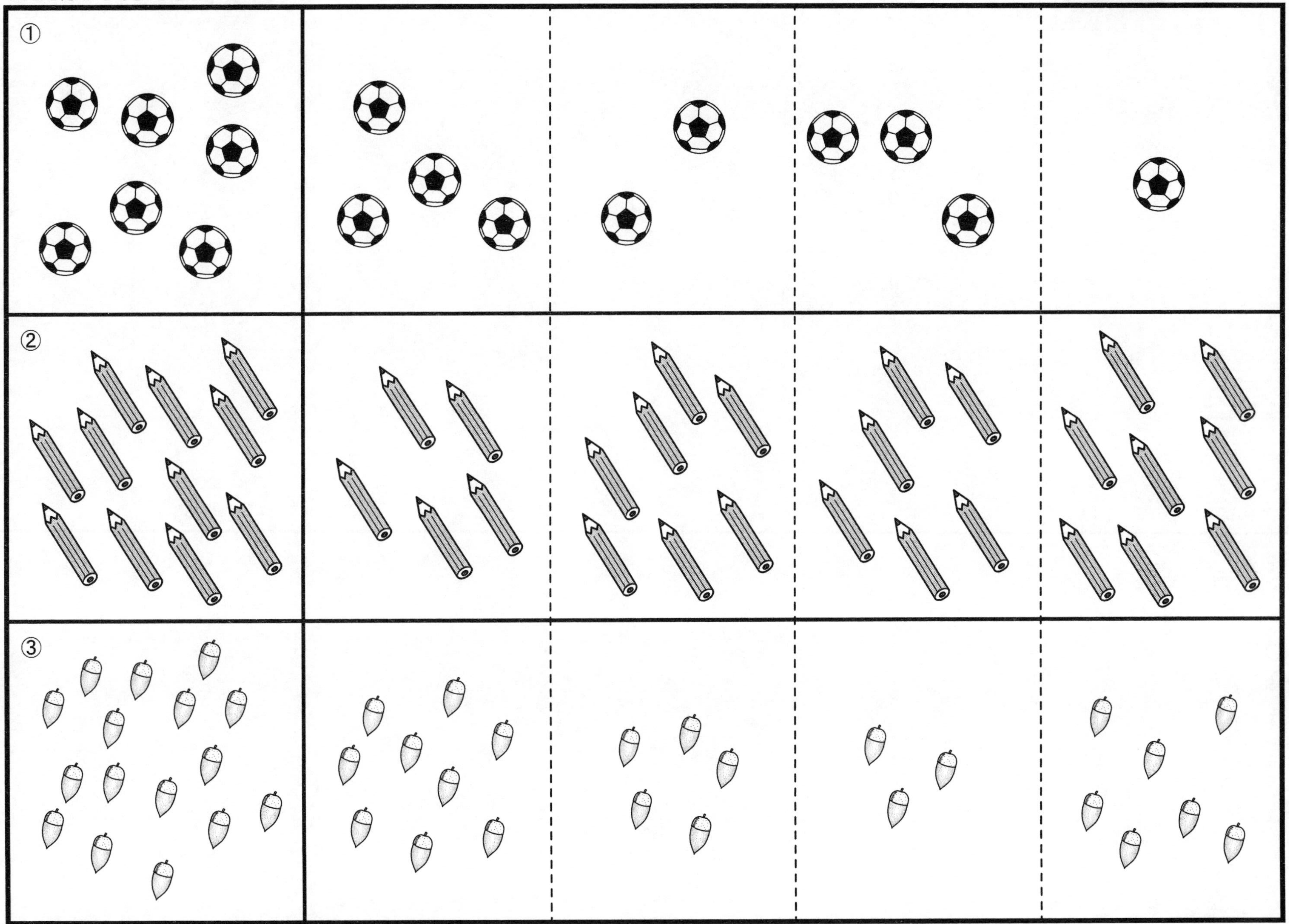

2021 年度版 国府台・昭和学院 過去 無断複製/転載を禁ずる 日本学習図書株式会社

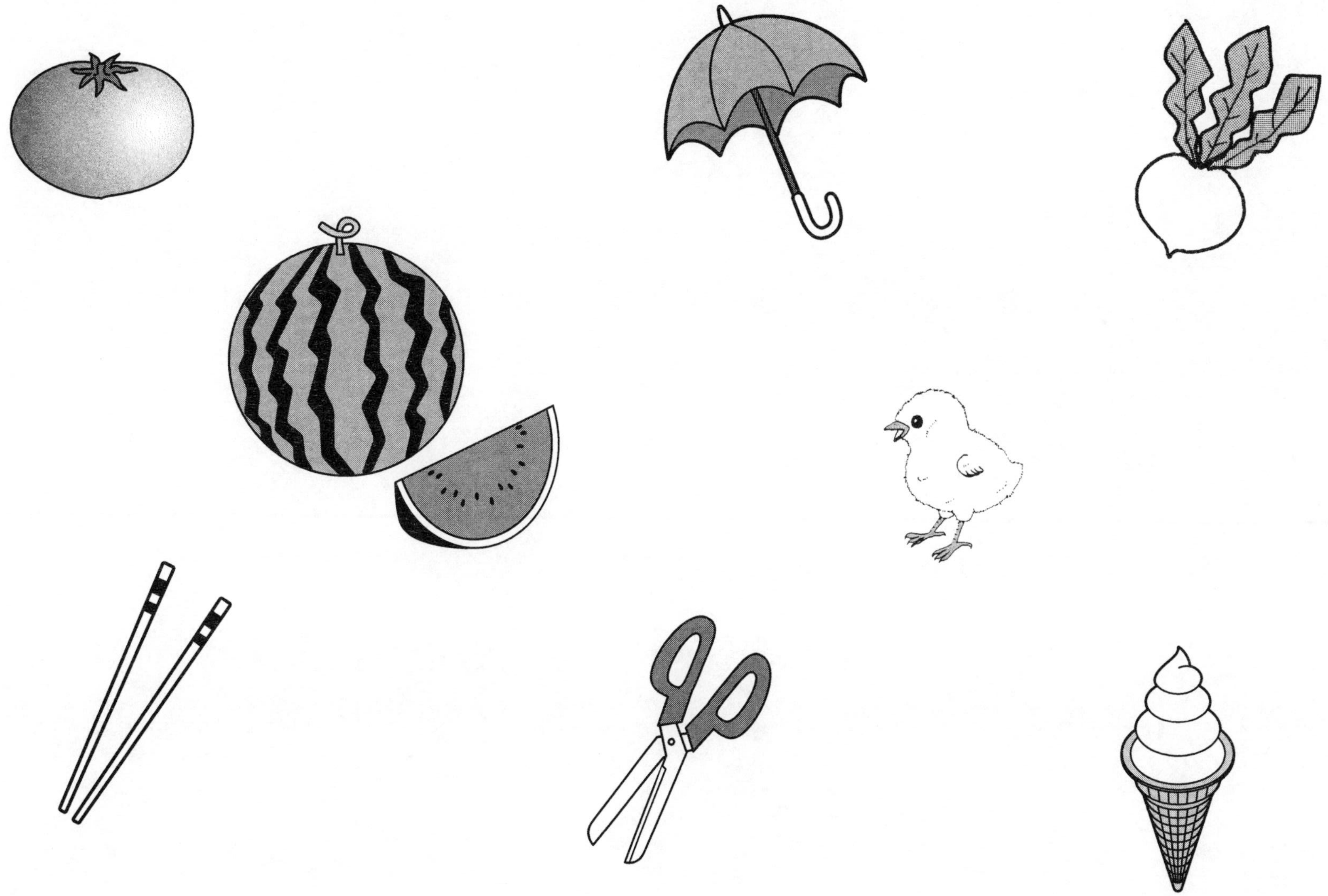

☆国府台女子学院小学部

問題１９

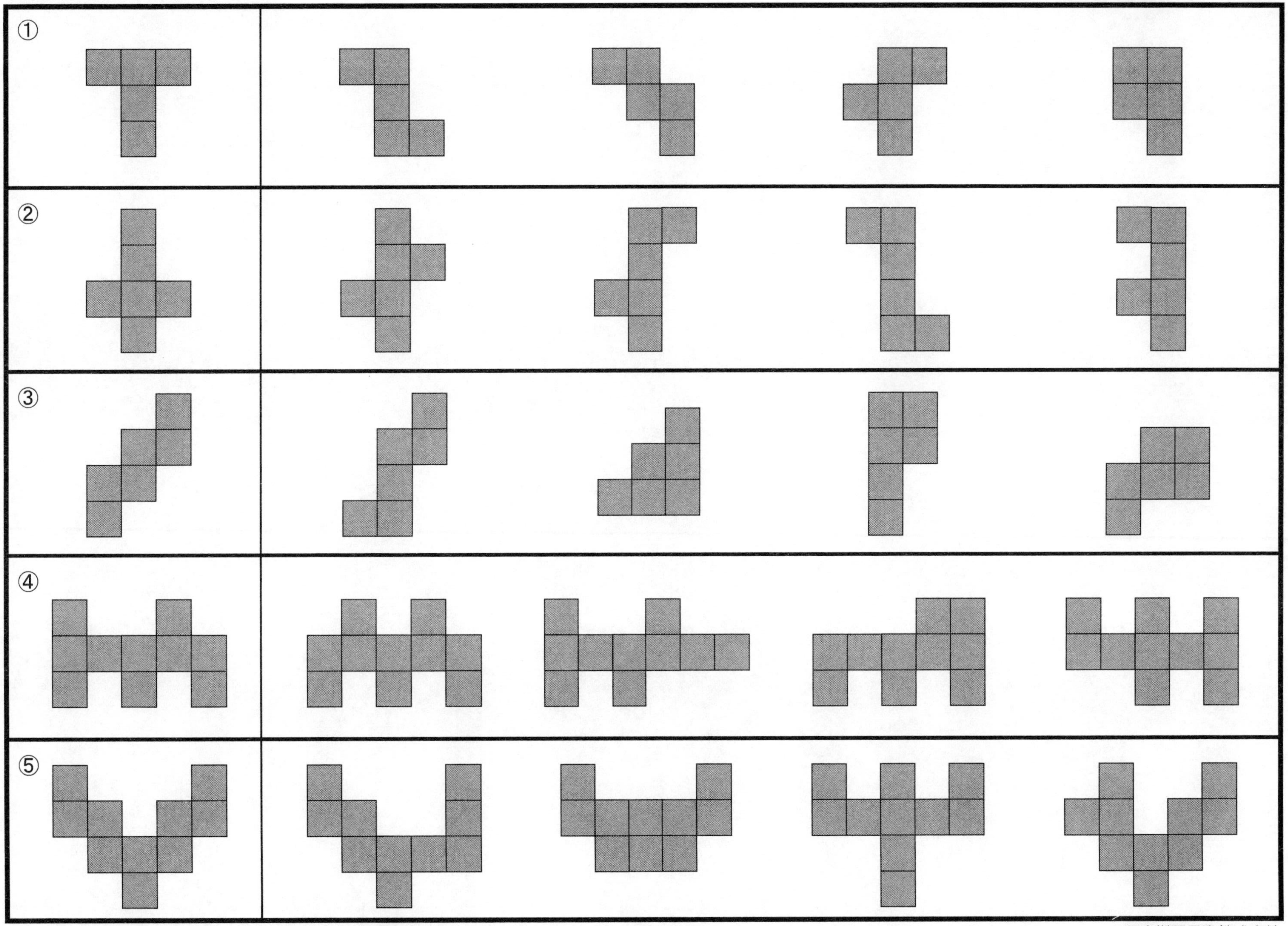

☆国府台女子学院小学部

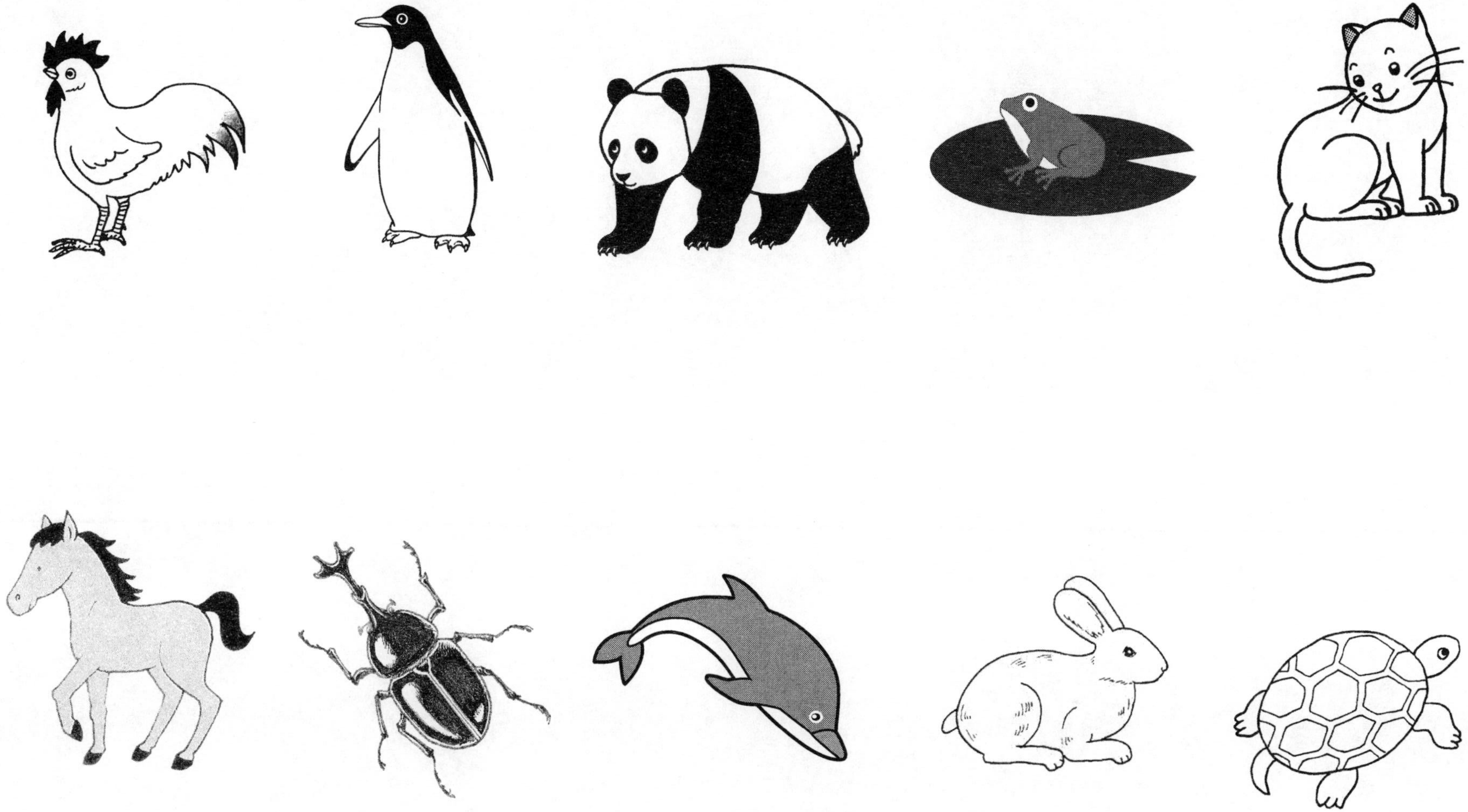

☆昭和学院小学校

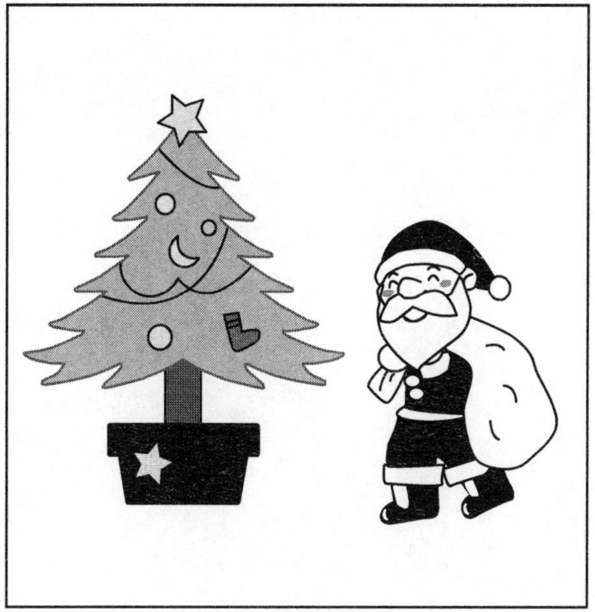

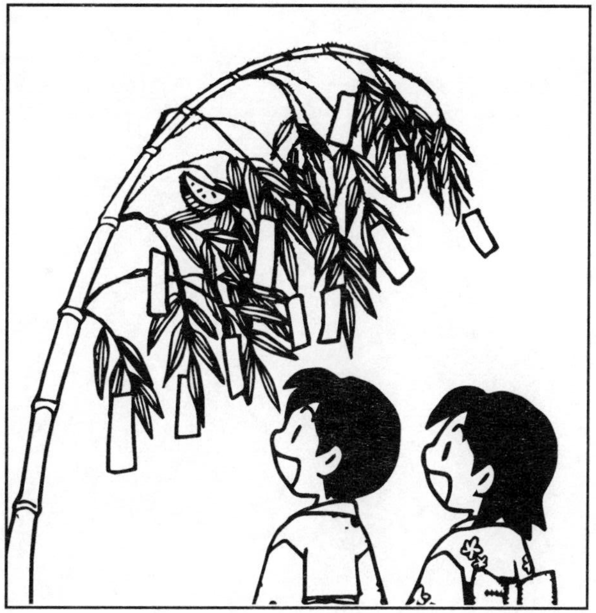

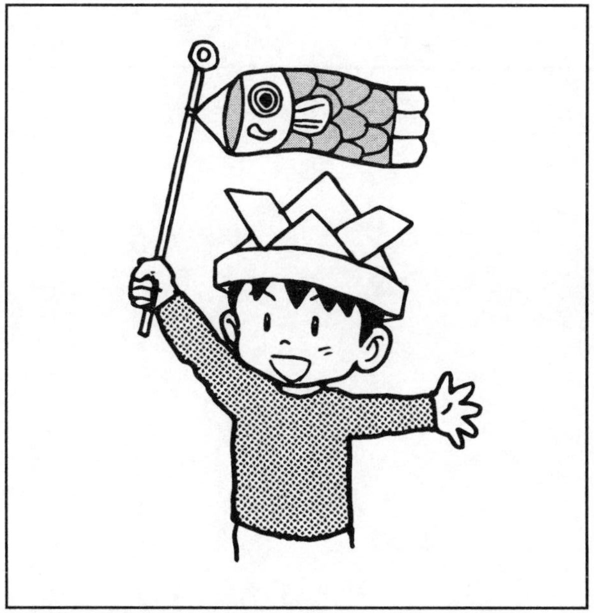

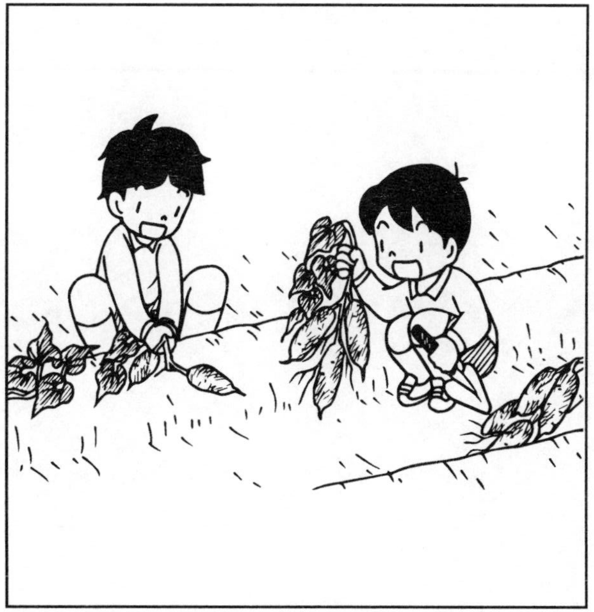

問題22－1

〈れいだい〉

①

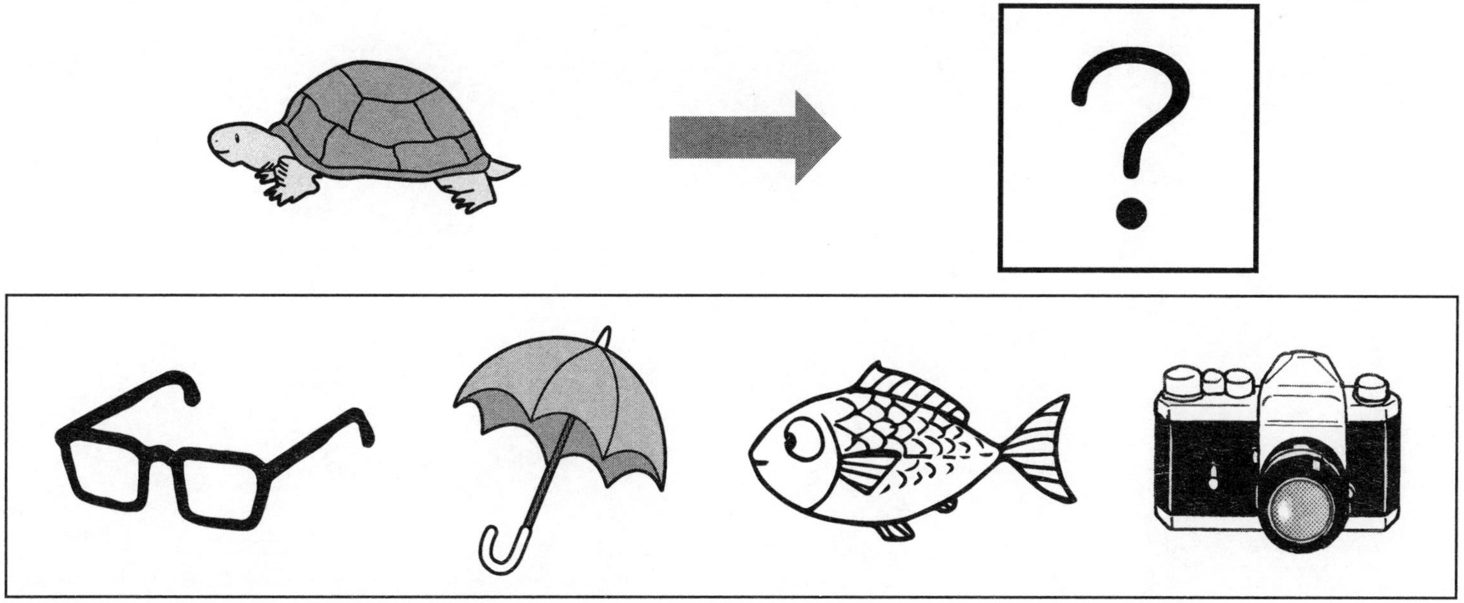

②

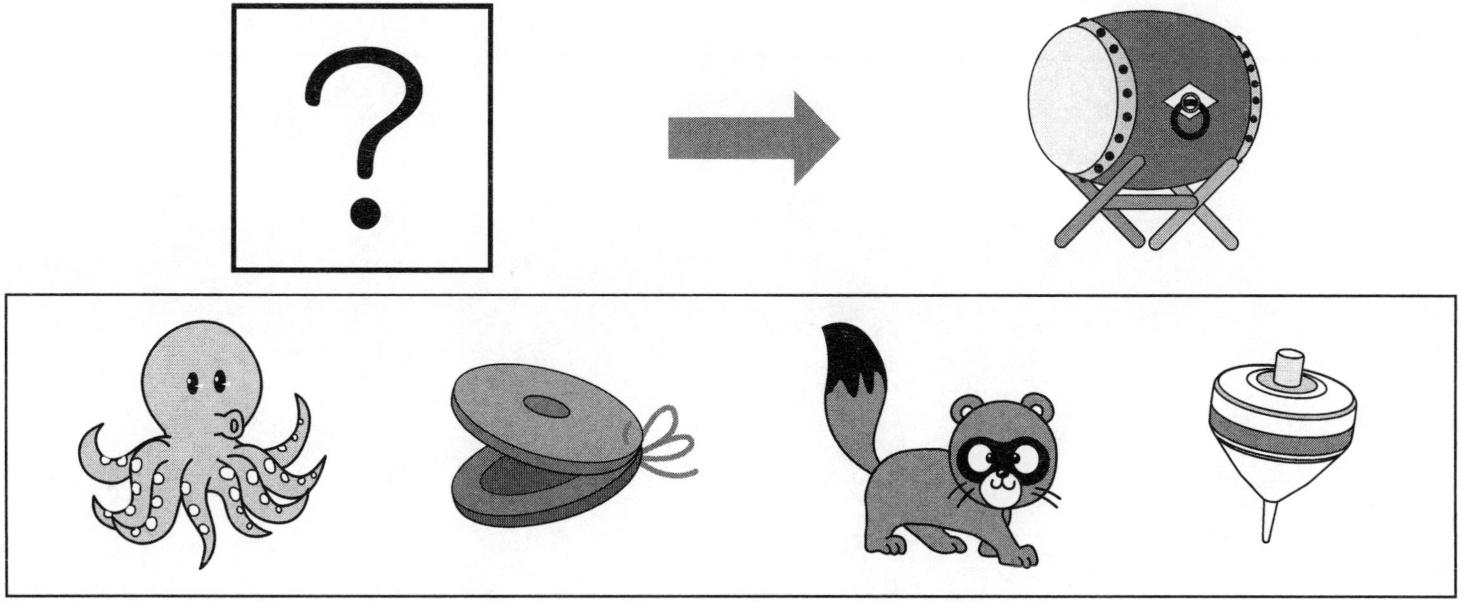

問題２３

☆昭和学院小学校

①

②

③

④

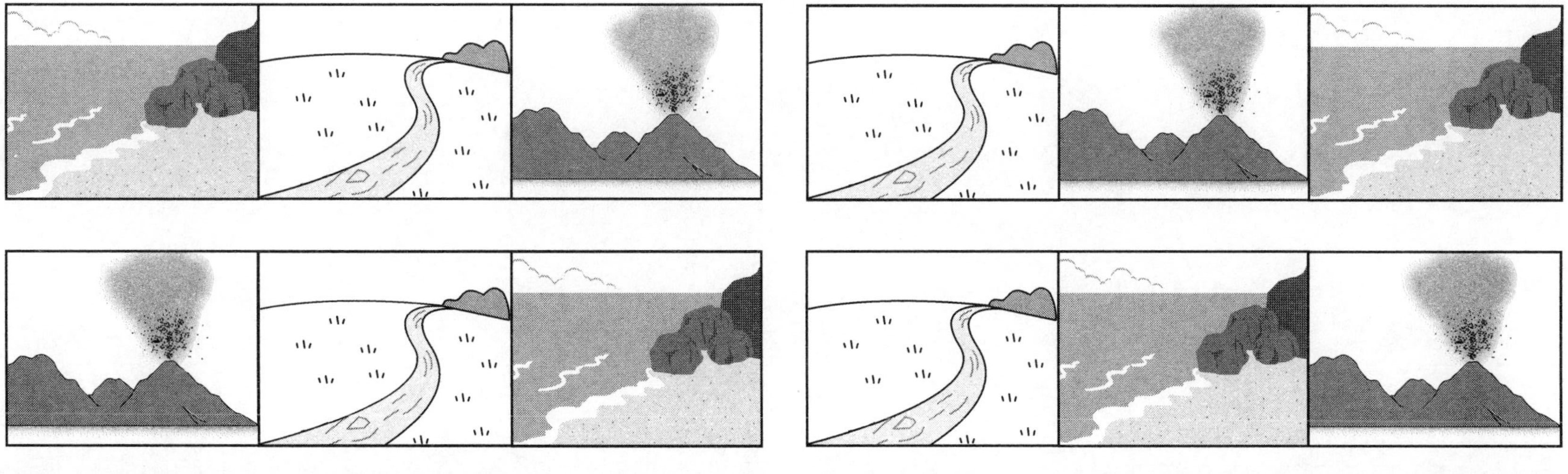

日本学習図書株式会社

☆昭和学院小学校

問題２４

①

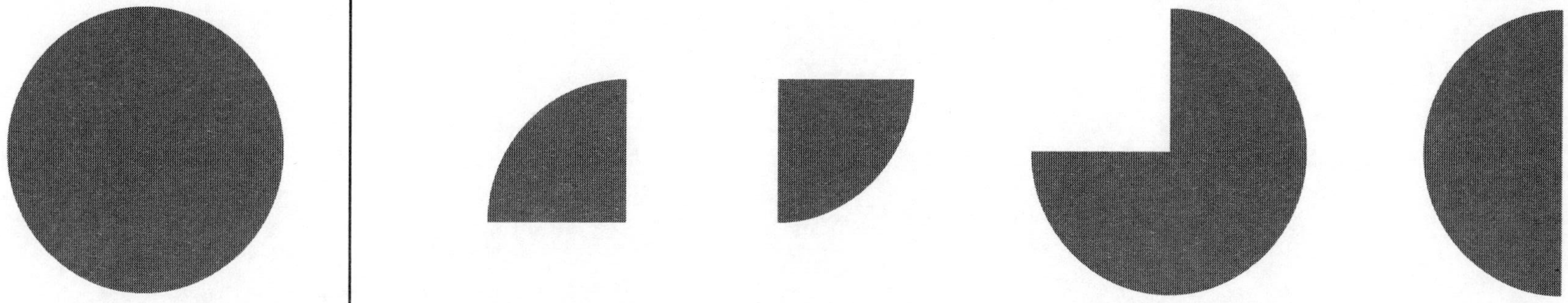

②

問題２５

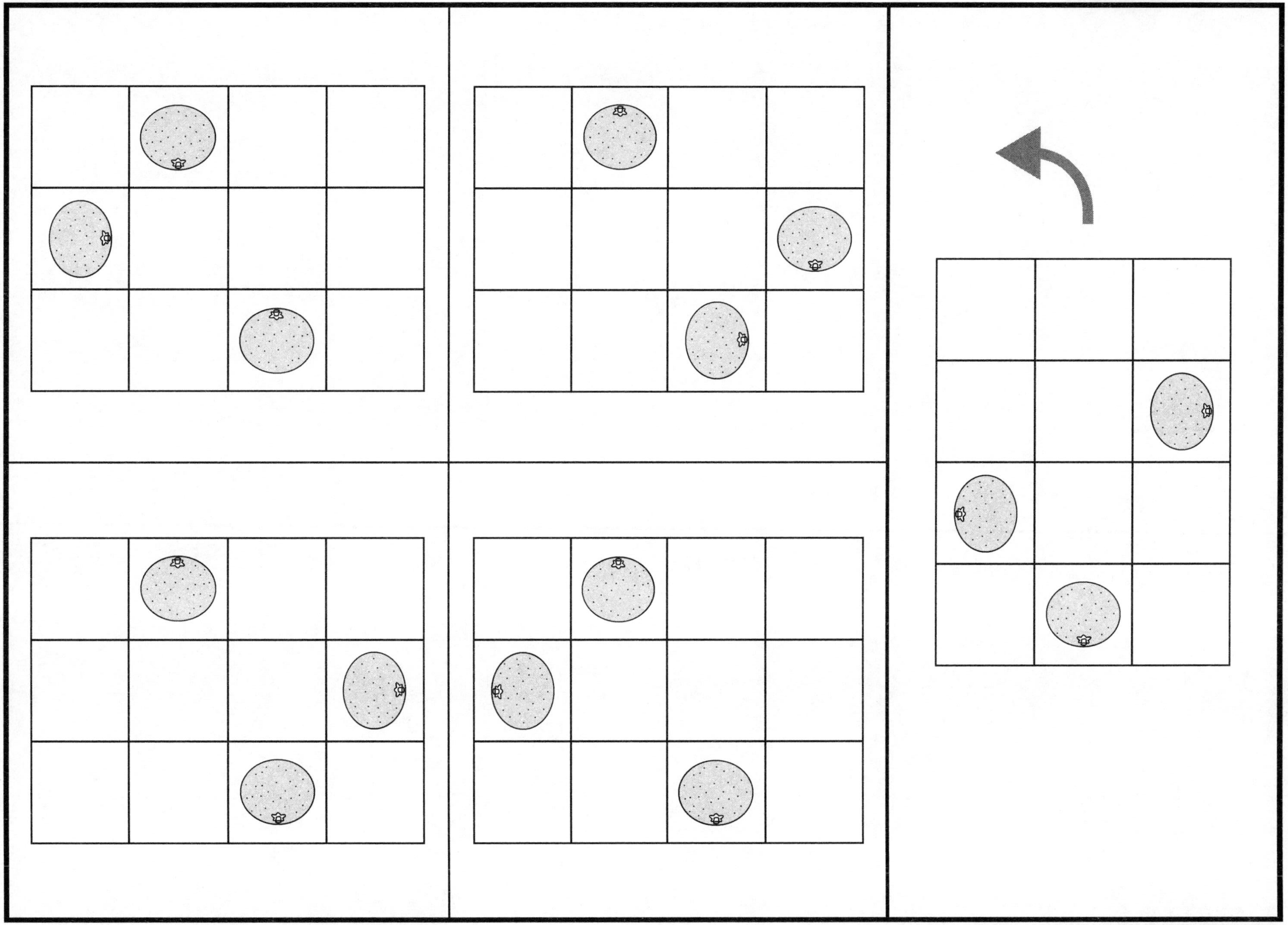

日本学習図書株式会社

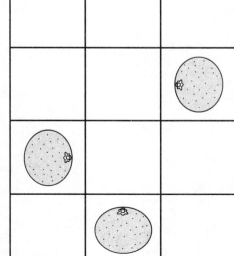

問題２６

〈おやくそく〉

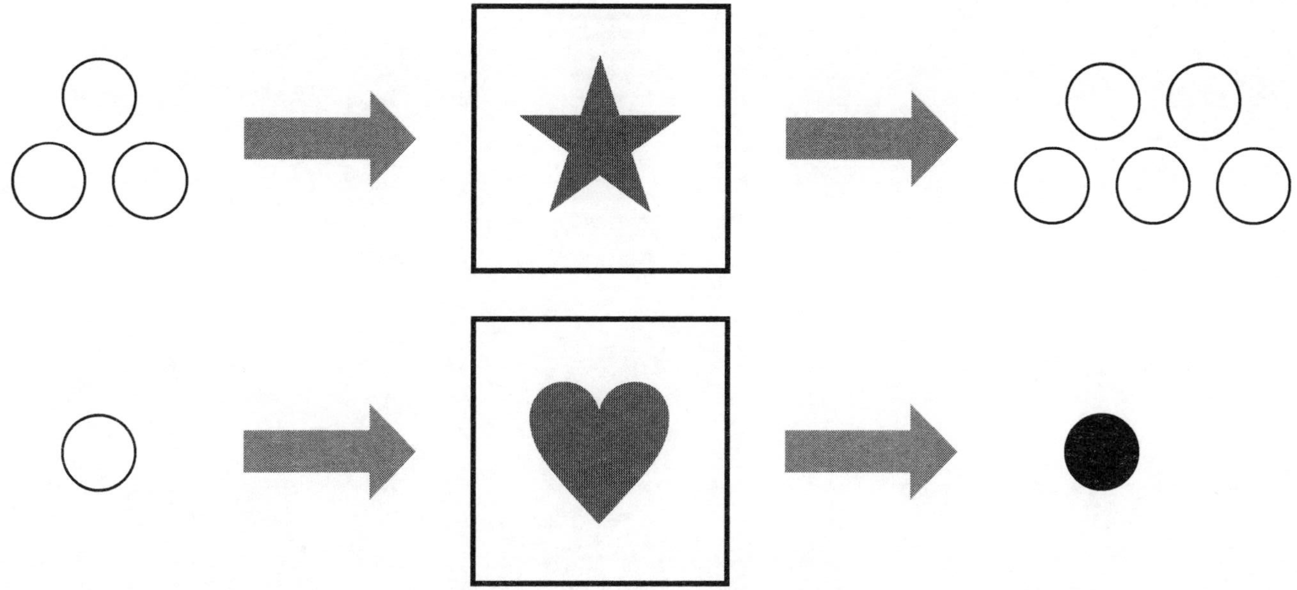

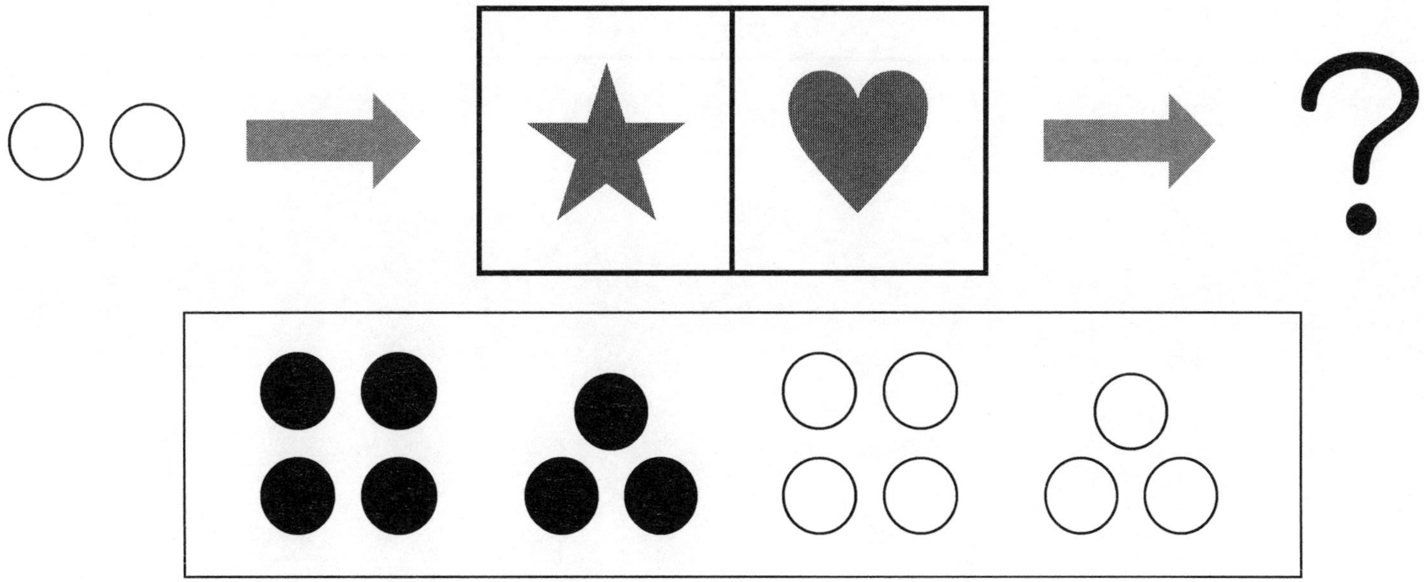

日本学習図書株式会社

問題２７

日本学習図書株式会社

☆昭和学院小学校

① ②

2021年度版 国府台・昭和学院 過去 無断複製/転載を禁ずる　日本学習図書株式会社

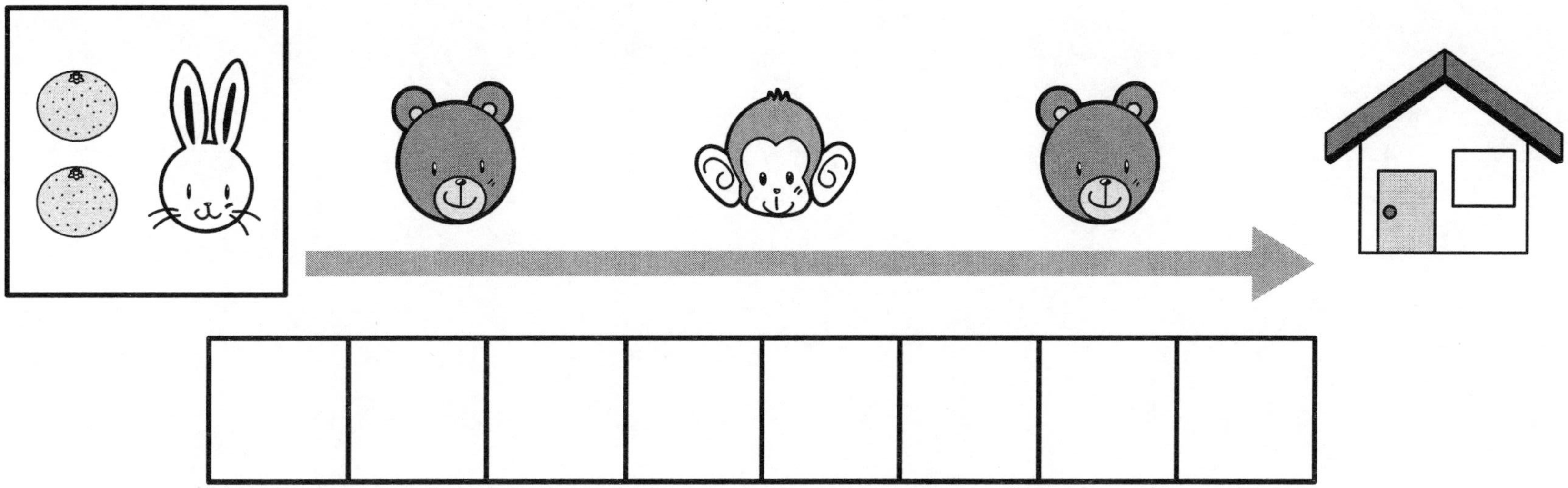

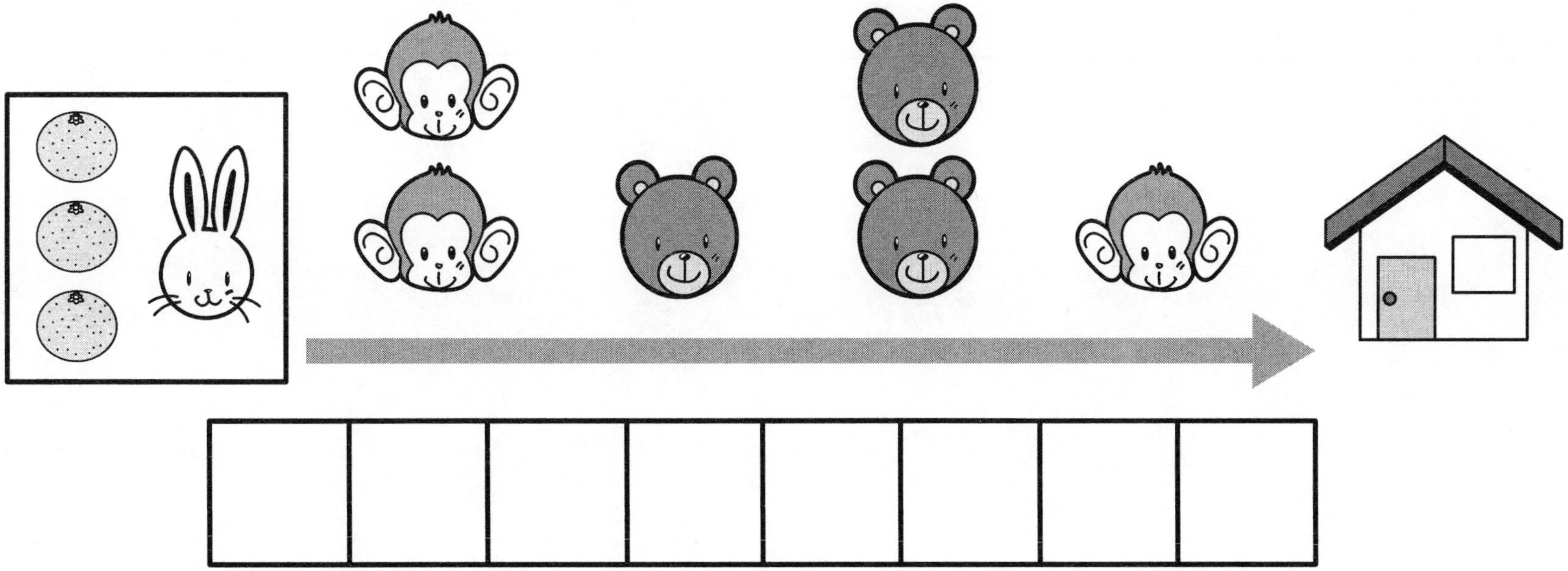

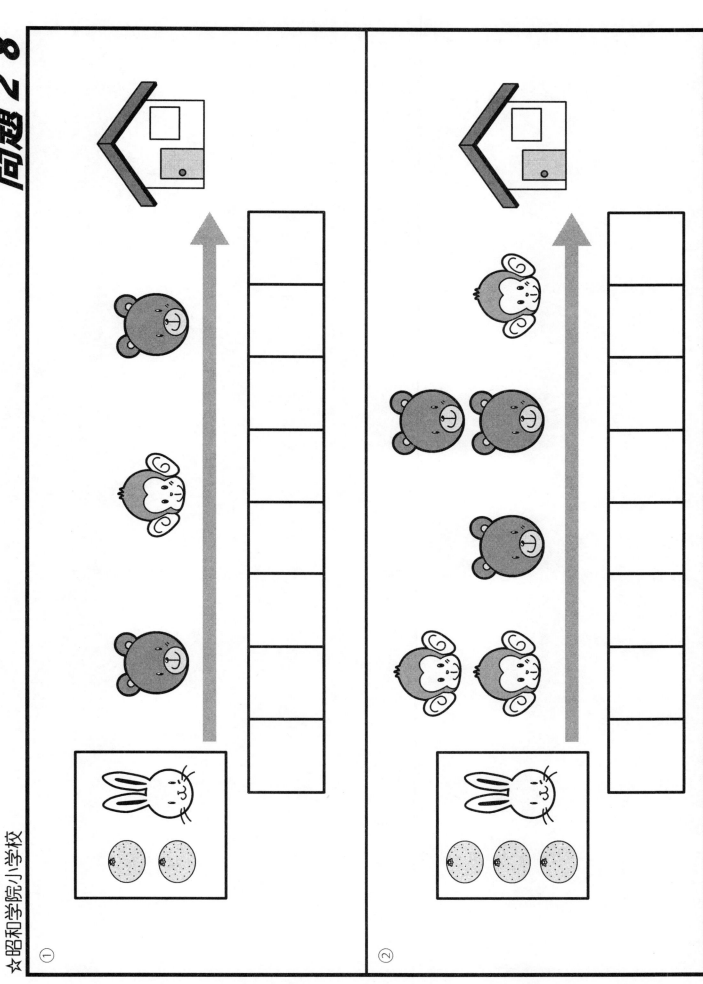

問題２９

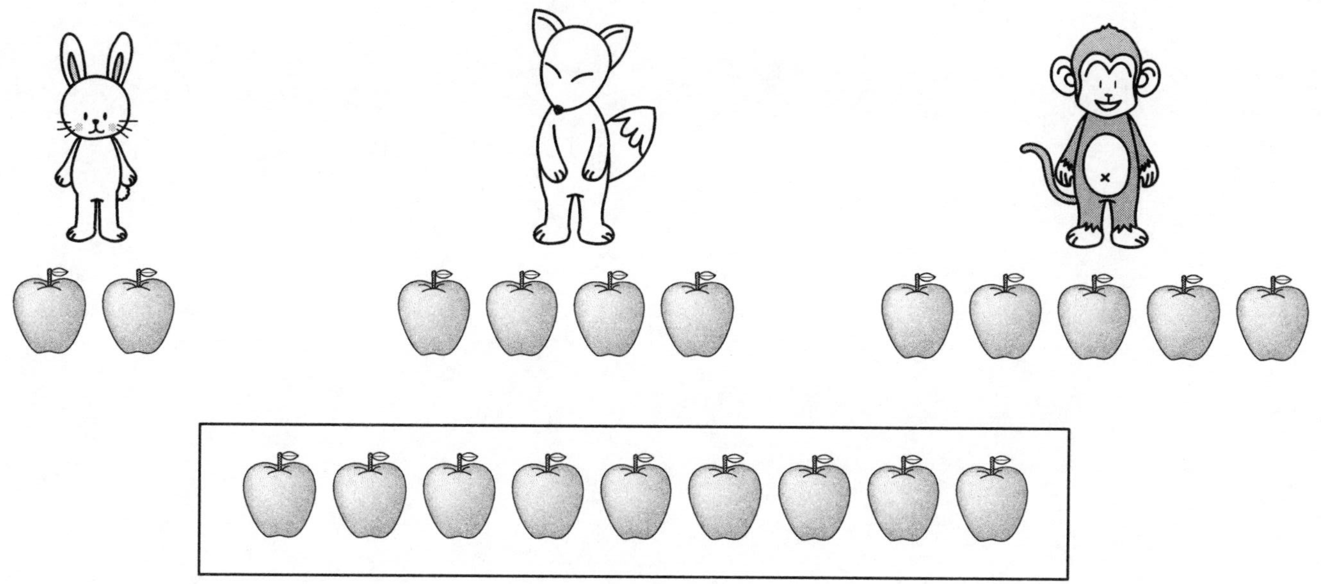

①

②

日本学習図書株式会社

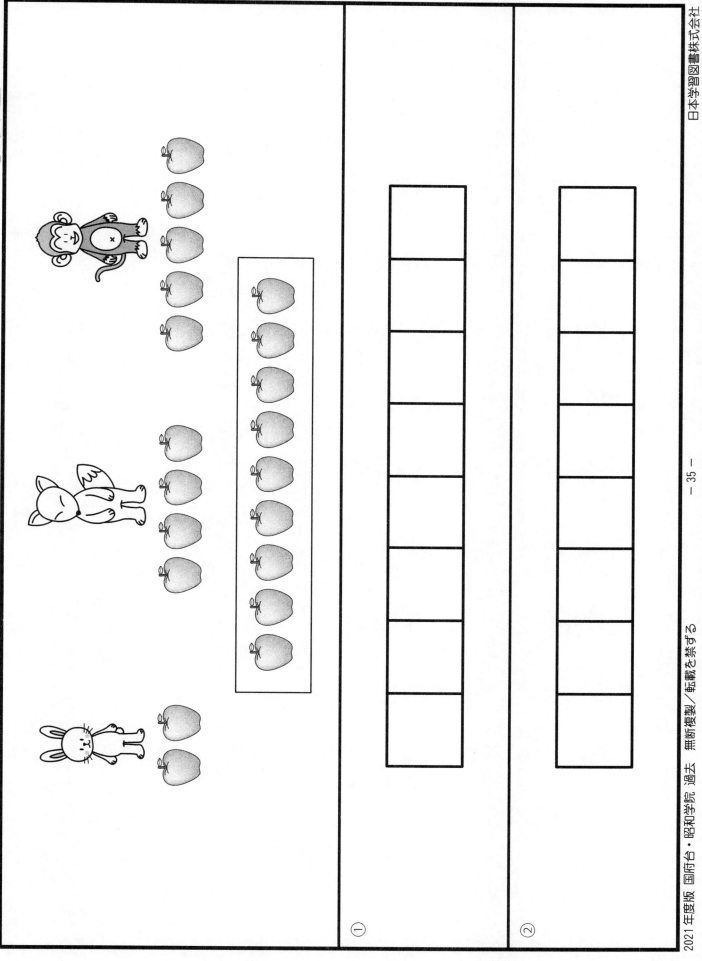

問題３０

☆昭和学院小学校

問題３２

問題３３－１

問題33-1

問題33－2

〈れいだい〉

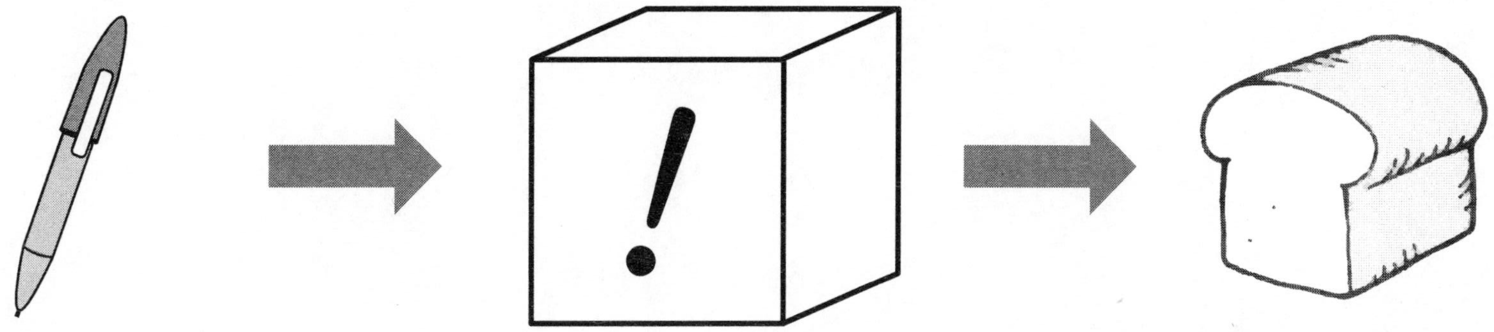

①

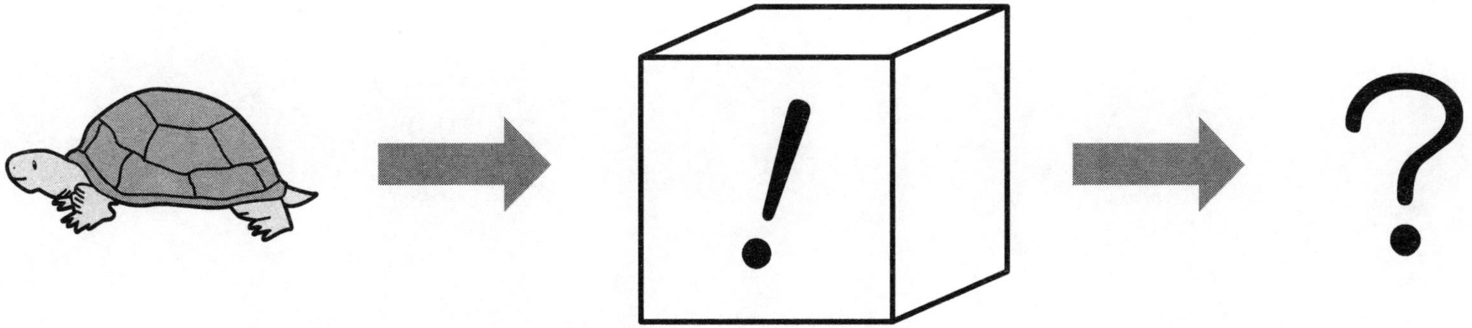

日本学習図書株式会社

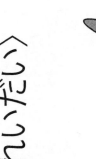

問題33－3

②

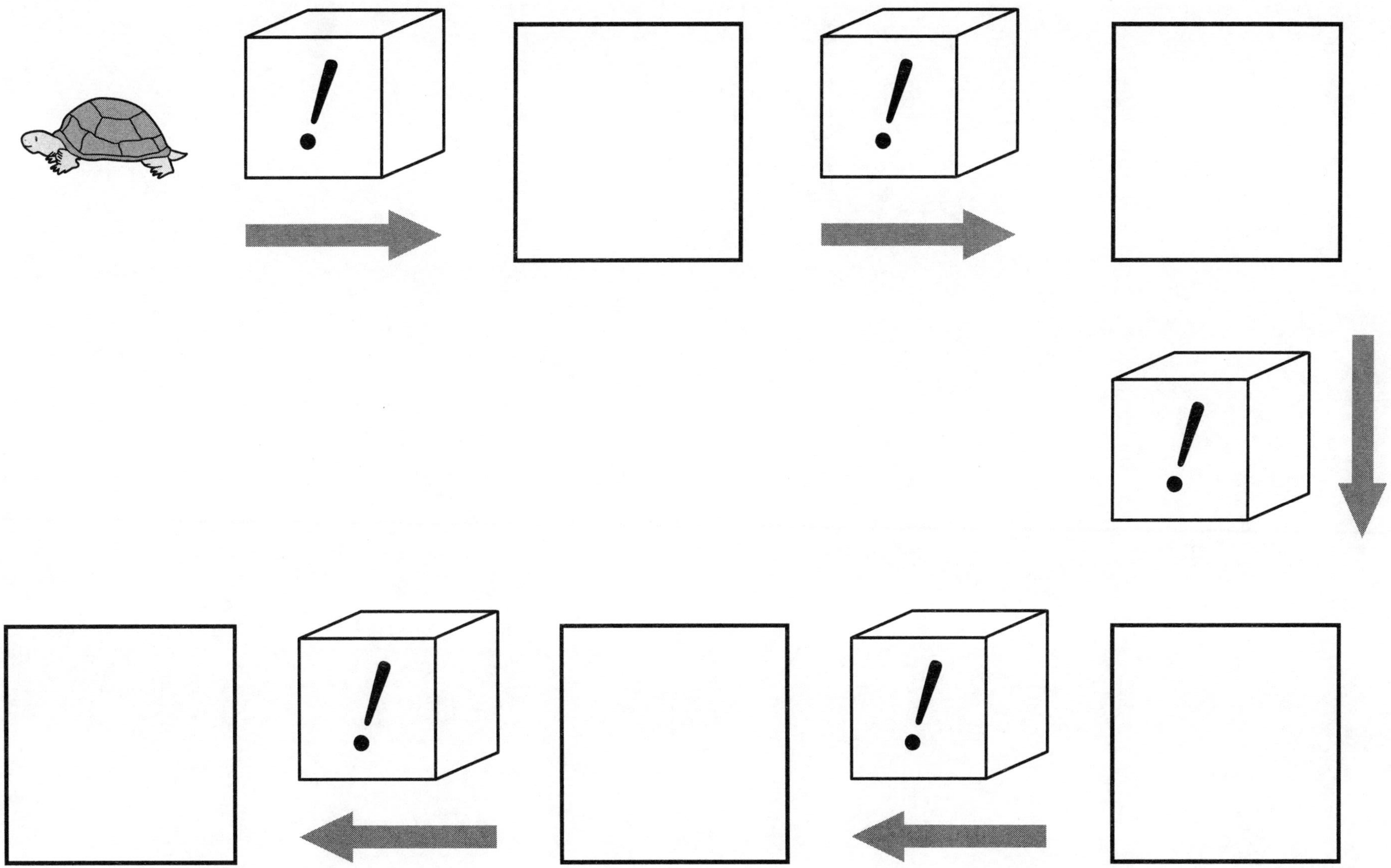

日本学習図書株式会社

問題34

〈おやくそく〉

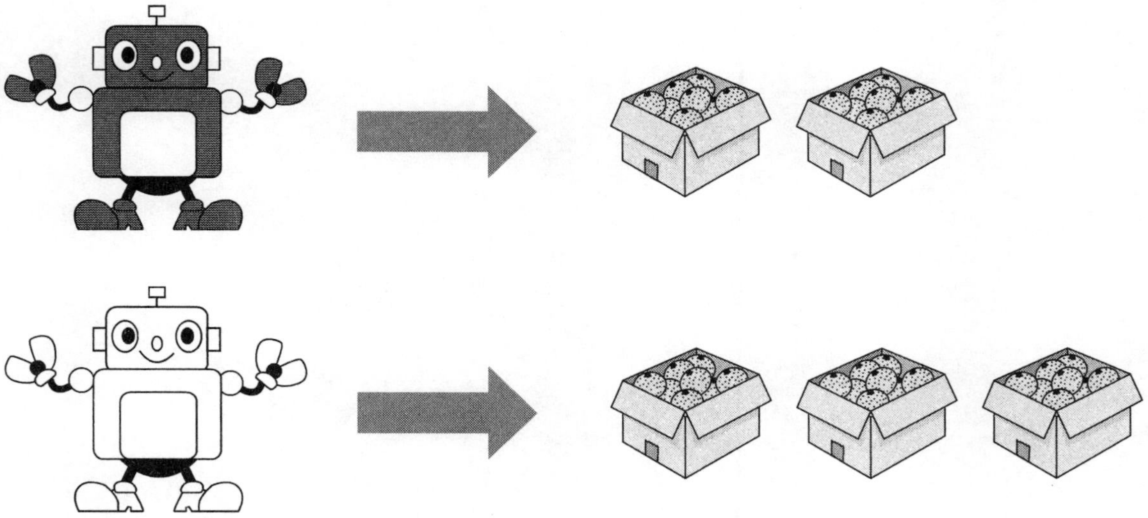

①

②

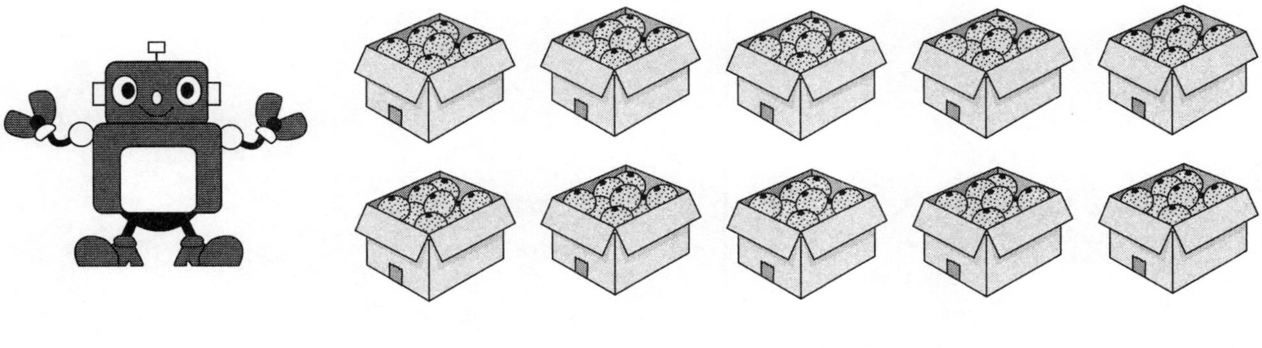

☆昭和学院小学校

問題３５－１

※三角形は緑色、平行四辺形（ひし形）は青色、台形は赤色に塗り、
形に沿って切り取ってください。

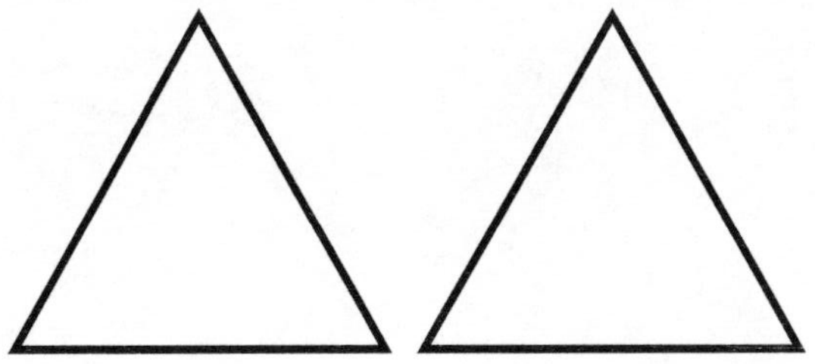

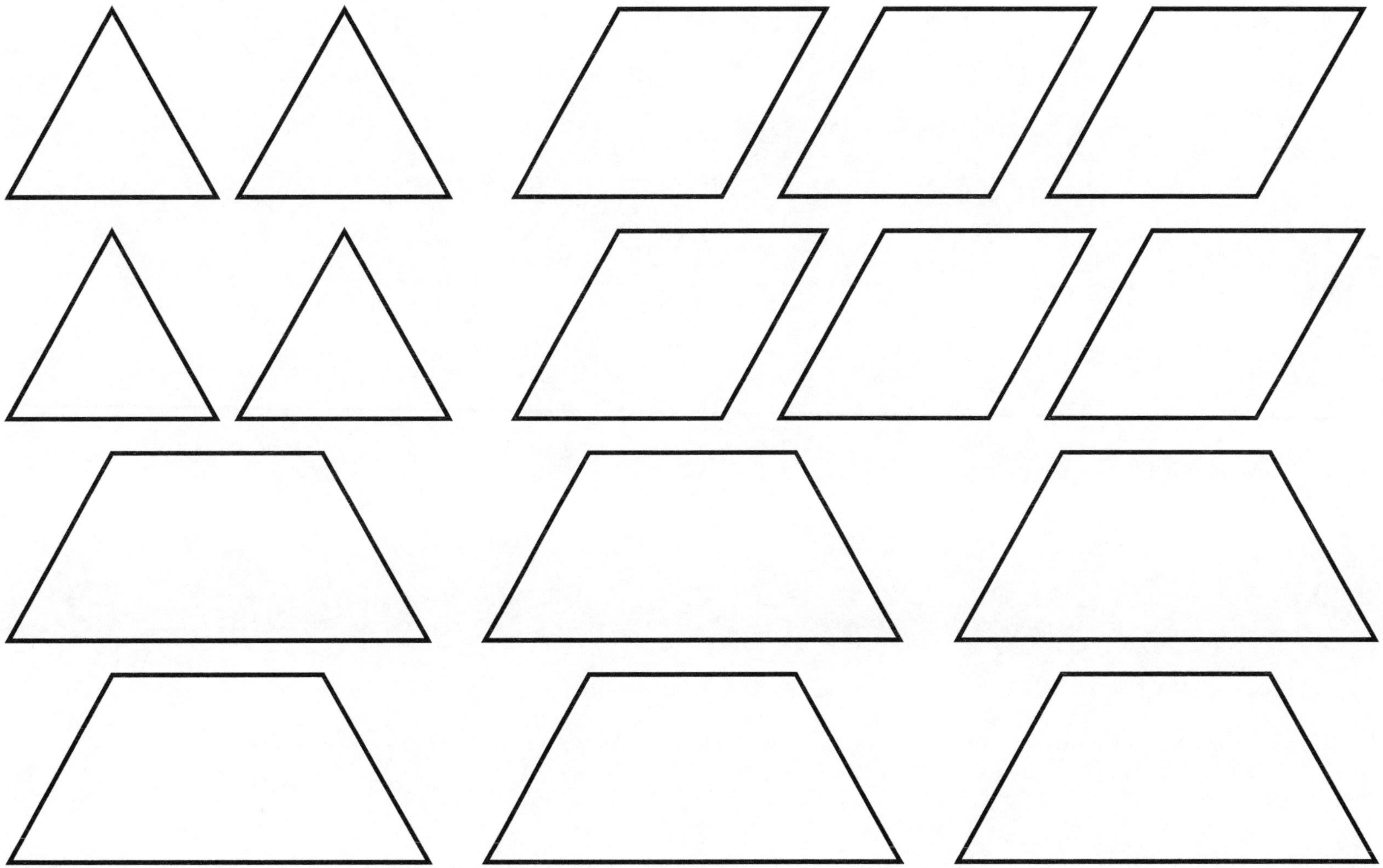

日本学習図書株式会社

問題３５－２

①

②③

〈おやくそく〉

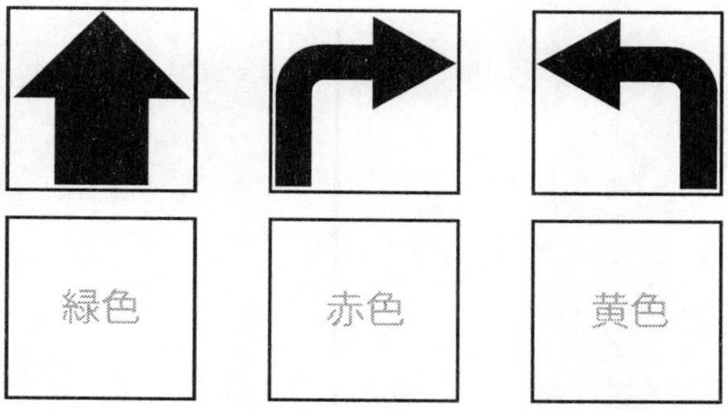

①

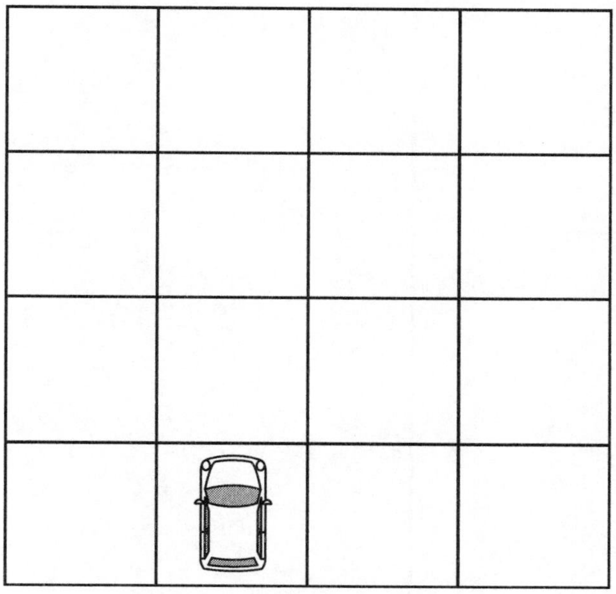

②

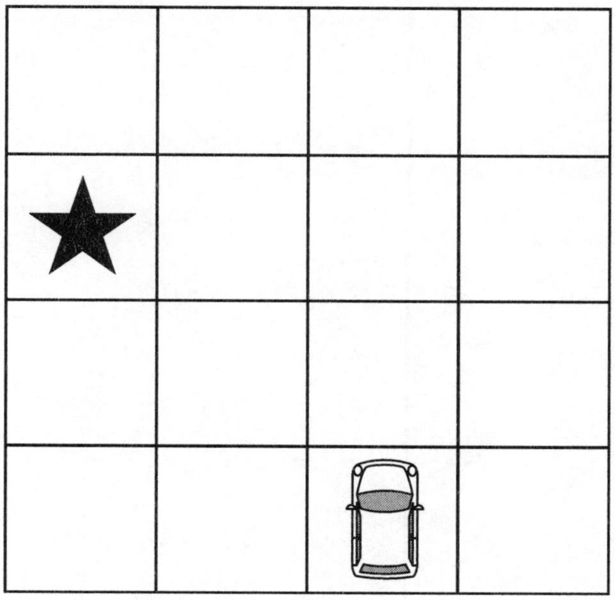

問題３６－２

黄色	赤色	緑色	緑色
黄色	赤色	緑色	緑色
黄色	赤色	緑色	緑色
黄色	赤色	緑色	緑色

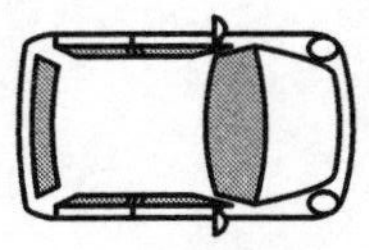

問題３８

〈みほん〉

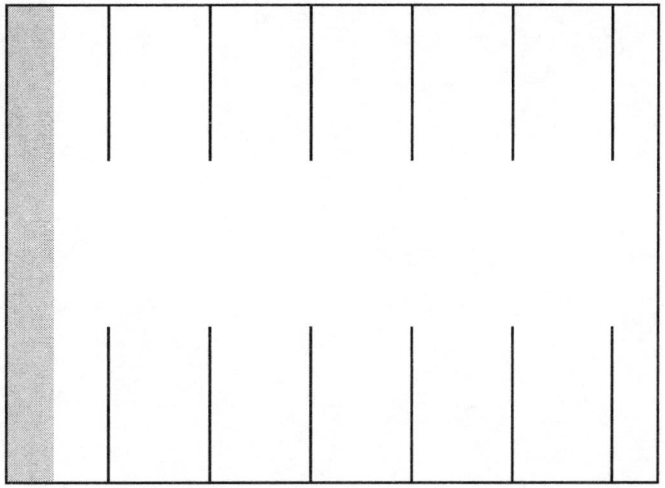

①

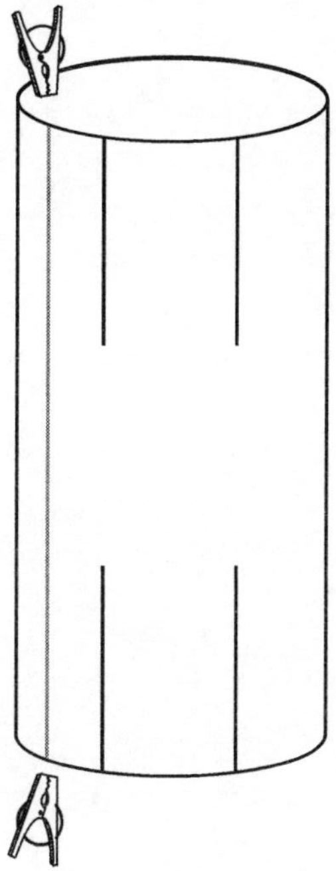

②

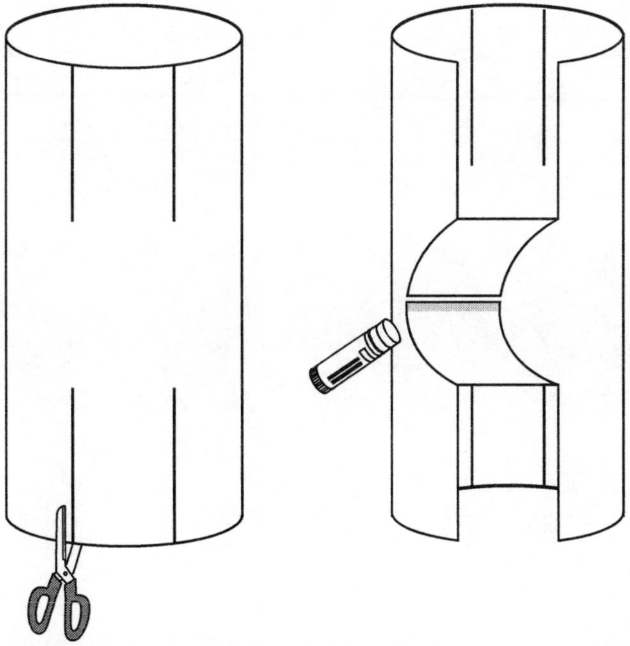

③

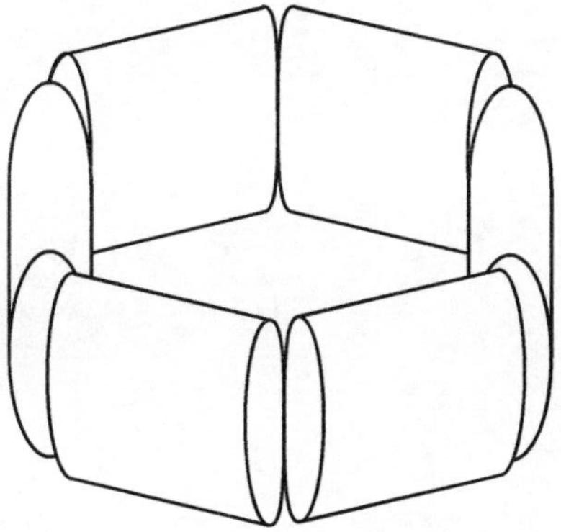

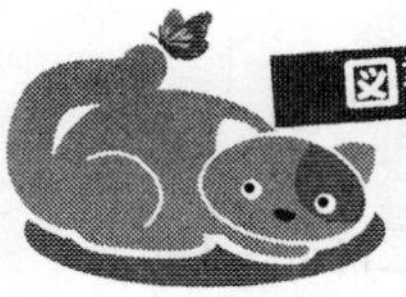

図書カード1000円分プレゼント

ご記入日　令和　　年　　月　　日

☆国・私立小学校受験アンケート☆

※可能な範囲でご記入下さい。選択肢は○で囲んで下さい。

〈小学校名〉＿＿＿＿＿＿＿＿＿＿＿＿　〈お子さまの性別〉男・女　〈誕生月〉＿＿月

〈その他の受験校〉（複数回答可）＿＿＿＿＿＿＿＿＿＿＿＿＿＿＿＿＿＿＿＿

〈受験日〉①：＿＿月＿＿日〈時間〉＿＿時＿＿分～＿＿時＿＿分

②：＿＿月＿＿日〈時間〉＿＿時＿＿分～＿＿時＿＿分

〈受験者数〉男女計＿＿名（男子＿＿名　女子＿＿名）

〈お子さまの服装〉＿＿＿＿＿＿＿＿＿＿＿＿＿＿＿＿

〈入試全体の流れ〉（記入例）準備体操→行動観察→ペーパーテスト

＿＿＿＿＿＿＿＿＿＿＿＿＿＿＿＿＿＿＿＿＿＿＿＿＿＿＿＿

Eメールによる情報提供

日本学習図書では、Eメールでも入試情報を募集しております。

下記のアドレスに、アンケートの内容をご入力の上、メールをお送り下さい。

ojuken@nichigaku.jp

●行動観察　（例）好きなおもちゃで遊ぶ・グループで協力するゲームなど

〈実施日〉＿＿月＿＿日〈時間〉＿＿時＿＿分～＿＿時＿＿分〈着替え〉□有　□無

〈出題方法〉□肉声　□録音　□その他（　　　　　　）〈お手本〉□有　□無

〈試験形態〉□個別　□集団（　　　人程度）　〈会場図〉

〈内容〉

□自由遊び

＿＿＿＿＿＿＿＿＿＿＿＿＿＿＿＿＿＿＿＿

□グループ活動

＿＿＿＿＿＿＿＿＿＿＿＿＿＿＿＿＿＿＿＿

□その他

＿＿＿＿＿＿＿＿＿＿＿＿＿＿＿＿＿＿＿＿

●運動テスト（有・無）　（例）跳び箱・チームでの競争など

〈実施日〉＿＿月＿＿日〈時間〉＿＿時＿＿分～＿＿時＿＿分〈着替え〉□有　□無

〈出題方法〉□肉声　□録音　□その他（　　　　　　）〈お手本〉□有　□無

〈試験形態〉□個別　□集団（　　　人程度）　〈会場図〉

〈内容〉

□サーキット運動

□走り　□跳び箱　□平均台　□ゴム跳び

□マット運動　□ボール運動　□なわ跳び

□クマ歩き

□グループ活動＿＿＿＿＿＿＿＿＿＿＿＿＿＿＿＿

□その他＿＿＿＿＿＿＿＿＿＿＿＿＿＿＿＿＿＿

●知能テスト・口頭試問

〈実施日〉 ＿＿月＿＿日 〈時間〉 ＿＿時＿＿分 ～ ＿＿時＿＿分 〈お手本〉□有 □無

〈出題方法〉 □肉声 □録音 □その他（　　　　　） 〈問題数〉 ＿＿枚 ＿＿問

分野	方法	内容	詳細・イラスト
（例） お話の記憶	☑筆記 □口頭	動物たちが待ち合わせをする話	（あらすじ） 動物たちが待ち合わせをした。最初にウサギさんが来た。次にイヌくんが、その次にネコさんが来た。最後にタヌキくんが来た。 （問題・イラスト） ３番目に来た動物は誰か 
お話の記憶	□筆記 □口頭		（あらすじ） （問題・イラスト）
図形	□筆記 □口頭		
言語	□筆記 □口頭		
常識	□筆記 □口頭		
数量	□筆記 □口頭		
推理	□筆記 □口頭		
その他	□筆記 □口頭		

●制作　(例) ぬり絵・お絵かき・工作遊びなど

〈実施日〉＿＿月＿＿日〈時間〉＿＿時＿＿分～＿＿時＿＿分

〈出題方法〉□肉声 □録音 □その他（　　　　　）〈お手本〉□有 □無

〈試験形態〉□個別 □集団（　　　人程度）

材料・道具	制作内容
□ハサミ □のり（□つぼ □液体 □スティック） □セロハンテープ □鉛筆 □クレヨン（　色） □クーピーペン（　色） □サインペン（　色）□ □画用紙（□ A4 □ B4 □ A3 　□その他：　　　　） □折り紙 □新聞紙 □粘土 □その他（　　　　　）	□切る □貼る □塗る □ちぎる □結ぶ □描く □その他（　　　　　） タイトル：＿＿＿＿＿＿＿＿＿＿

●面接

〈実施日〉＿＿月＿＿日〈時間〉＿＿時＿＿分～＿＿時＿＿分〈面接担当者〉＿＿名

〈試験形態〉□志願者のみ（　　）名 □保護者のみ □親子同時 □親子別々

〈質問内容〉

□志望動機　□お子さまの様子

□家庭の教育方針

□志望校についての知識・理解

□その他（　　　　　　　　　　）

（詳　細）

・

・

・

・

※試験会場の様子をご記入下さい。

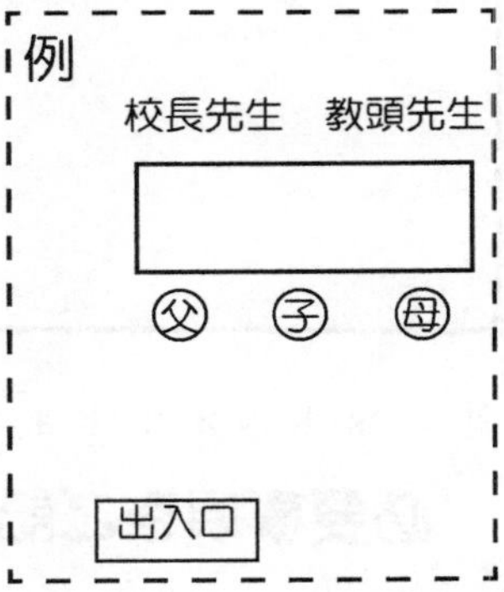

●保護者作文・アンケートの提出（有・無）

〈提出日〉□面接直前　□出願時　□志願者考査中　□その他（　　　　　）

〈下書き〉□有　□無

〈アンケート内容〉

(記入例) 当校を志望した理由はなんですか（150 字）

●**説明会**（□有　□無）〈開催日〉　月　日〈時間〉　時　分　～　時　分

〈上履き〉　□要　□不要〈願書配布〉　□有　□無〈校舎見学〉　□有　□無

〈ご感想〉

●**参加された学校行事**（複数回答可）

公開授業〈開催日〉　月　日〈時間〉　時　分　～　時　分

運動会など〈開催日〉　月　日〈時間〉　時　分　～　時　分

学習発表会・音楽会など〈開催日〉　月　日〈時間〉　時　分　～　時　分

〈ご感想〉

※是非参加したほうがよいと感じた行事について

●**受験を終えてのご感想、今後受験される方へのアドバイス**

※対策学習（重点的に学習しておいた方がよい分野）、当日準備しておいたほうがよい物など

＊＊＊＊＊＊＊＊＊＊＊＊＊　ご記入ありがとうございました　＊＊＊＊＊＊＊＊＊＊＊＊＊

必要事項をご記入の上、ポストにご投函ください。

なお、本アンケートの送付期限は入試終了後３ヶ月とさせていただきます。また、入試に関する情報の記入量が当社の基準に満たない場合、謝礼の送付ができないことがございます。あらかじめご了承ください。

ご住所：〒

お名前：　メール：

ＴＥＬ：　ＦＡＸ：

アンケートのご記入
ありがとうございました

ご記入頂いた個人に関する情報は、当社にて厳重に管理致します。弊社の個人情報取り扱いに関する詳細は、www.nichigaku.jp/policy.php の「個人情報の取り扱い」をご覧下さい。

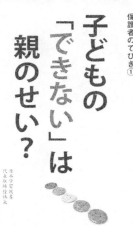

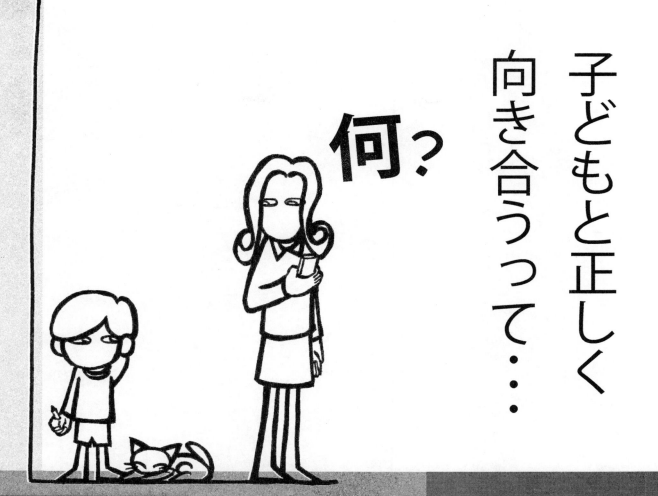

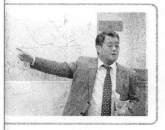

分野別 小学入試練習帳 ジュニアウォッチャー

1．点・線図形	小学校入試で出題頻度の高い『点・線図形』の模写を、難易度の低いものから段階別に幅広く練習することができるように構成。
2．座標	図形の位置模写という作業を、難易度の低いものから段階別に練習できるように構成。
3．パズル	様々なパズルの問題を難易度の低いものから段階別に練習できるように構成。
4．同図形探し	小学校入試で出題頻度の高い、同図形選びの問題を繰り返し練習できるように構成。
5．回転・展開	図形などを回転、または展開したとき、形がどのように変化するかを学習し、理解を深められるように構成。
6．系列	数、図形などの様々な系列問題を、難易度の低いものから段階別に練習できるように構成。
7．迷路	迷路の問題を繰り返し練習できるように構成。
8．対称	対称に関する問題を４つのテーマに分類し、各テーマごとに問題を段階別に練習できるように構成。
9．合成	図形の合成に関する問題を、難易度の低いものから段階別に練習できるように構成。
10．四方からの観察	もの（立体）を様々な角度から見て、どのように見えるかを推理する問題を段階別に整理し、１つの形式で複数の問題を練習できるように構成。
11．いろいろな仲間	ものや動物、植物の共通点を見つけ、分類していく問題を中心に構成。
12．日常生活	日常生活における様々な問題を６つのテーマに分類し、各テーマごとに一つの問題形式で複数の問題を練習できるように構成。
13．時間の流れ	『時間』に着目し、様々なものごとは、時間が経過するとどのように変化するのかということを学習し、理解できるように構成。
14．数える	様々なものを『数える』ことから、数の多少の判定やかけ算、わり算の基礎までを練習できるように構成。
15．比較	比較に関する問題を５つのテーマ（数、高さ、長さ、量、重さ）に分類し、各テーマごとに問題を段階別に練習できるように構成。
16．積み木	数える対象を積み木に限定した問題集。
17．言葉の音遊び	言葉の音に関する問題を５つのテーマに分類し、各テーマごとに問題を段階別に練習できるように構成。
18．いろいろな言葉	表現力をより豊かにするいろいろな言葉として、擬態語や擬声語、同音異義語、反意語、数詞を取り上げた問題集。
19．お話の記憶	お話を聴いてその内容を記憶、理解し、設問に答える形式の問題集。
20．見る記憶・聴く記憶	「見て憶える」「聴いて憶える」という『記憶』分野に特化した問題集。
21．お話作り	いくつかの絵を元にしてお話を作る練習をして、想像力を養うことができるように構成。
22．想像画	描かれてある形や景色に好きな絵を描くことにより、想像力を養うことができるように構成。
23．切る・貼る・塗る	小学校入試で出題頻度の高い、はさみやのりなどを用いた巧緻性の問題を繰り返し練習できるように構成。
24・絵画	小学校入試で出題頻度の高い、お絵かきやぬり絵などクレヨンやクーピーペンを用いた巧緻性の問題を繰り返し練習できるように構成。
25．生活巧緻性	小学校入試で出題頻度の高い日常生活の様々な場面における巧緻性の問題集。
26．文字・数字	ひらがなの清音、濁音、拗音、拗長音、促音と１～20までの数字に焦点を絞り、練習できるように構成。
27．理科	小学校入試で出題頻度が高くなりつつある理科の問題を集めた問題集。
28．運動	出題頻度の高い運動問題を種目別に分けて構成。
29．行動観察	項目ごとに問題提起をし、「このような時はどうか、あるいはどう対処するのか」の観点から問いかける形式の問題集。
30．生活習慣	学校から家庭に提起された問題と思って、一問一問絵を見ながら話し合い、考える形式の問題集。
31．推理思考	数、量、言語、常識（含理科、一般）など、諸々のジャンルから問題を構成し、近年の小学校入試問題傾向に沿って構成。
32．ブラックボックス	箱や筒の中を通ると、どのようなお約束でどのように変化するかを推理・思考する問題集。
33．シーソー	重さの違うものをシーソーに乗せた時どちらに傾くのか、またどうすればシーソーは釣り合うのかを思考する基礎的な問題集。
34．季節	様々な行事や植物などを季節別に分類できるように知識をつける問題集。
35．重ね図形	小学校入試で頻繁に出題されている「図形を重ね合わせてできる形」についての問題を集めました。
36．同数発見	様々な物を数え「同じ数」を発見し、数の多少の判断や数の認識の基礎を学べるように構成した問題集。
37．選んで数える	数の学習の基本となる、いろいろなものの数を正しく数える学習を行う問題集。
38．たし算・ひき算１	数字を使わず、たし算とひき算の基礎を身につけるための問題集。
39．たし算・ひき算２	数字を使わず、たし算とひき算の基礎を身につけるための問題集。
40．数を分ける	数を等しく分ける問題です。等しく分けたときに余りが出るものもあります。
41．数の構成	ある数がどのような数で構成されているか学んでいきます。
42．一対多の対応	一対一の対応から、一対多の対応まで、かけ算の考え方の基礎学習を行います。
43．数のやりとり	あげたり、もらったり、数の変化をしっかりと学びます。
44．見えない数	指定された条件から数を導き出します。
45．図形分割	図形の分割に関する問題集。パズルや合成の分野にも通じる様々な問題を集めました。
46．回転図形	「回転図形」に関する問題集。やさしい問題から始め、いくつかの代表的なパターンから、段階を踏んで学習できるよう編集されています。
47．座標の移動	「マス目の指示通りに移動する問題」と「指示された数だけ移動する問題」を収録。
48．鏡図形	鏡で左右反転させた時の見え方を考えます。平面図形から立体図形、文字、絵まで。
49．しりとり	すべての学習の基礎となる「言葉」を学ぶこと、特に「語彙」を増やすことに重点をおき、さまざまなタイプの「しりとり」問題を集めました。
50．観覧車	観覧車やメリーゴーラウンドなどを舞台にした「回転系列」の問題集。「推理思考」分野の問題ですが、要素として「図形」や「数量」も含みます。
51．運筆①	鉛筆の持ち方を学び、点線なぞり、お手本を見ながらの模写で、線を引く練習をします。
52．運筆②	運筆①からさらに発展し、「欠所補完」や「迷路」などを楽しみながら、より複雑な鉛筆運びを習得することを目指します。
53．四方からの観察 積み木編	積み木を使用した「四方からの観察」に関する問題を練習できるように構成。
54．図形の構成	見本の図形がどのような部分によって形づくられているかを考えます。
55．理科②	理科的知識に関する問題を集中して練習する「常識」分野の問題集。
56．マナーとルール	道路や駅、公共の場でのマナー、安全や衛生に関する常識を学べるように構成。
57．置き換え	さまざまな具体的・抽象的事象を記号で表す「置き換え」の問題を扱います。
58．比較②	長さ・高さ・体積・数などを数学的な知識を使わず、論理的に推測する「比較」の問題を練習できるように構成。
59．欠所補完	線と線のつながり、欠けた絵に当てはまるものなどを求める「欠所補完」に取り組める問題集です。
60．言葉の音（おん）	しりとり、決まった順番の音をつなげるなど、「言葉の音」に関する問題に取り組める練習問題集です。

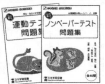

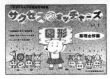

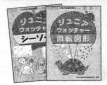

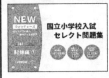

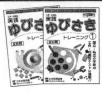

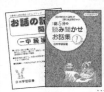

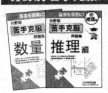

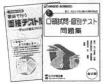

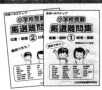

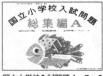

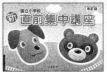

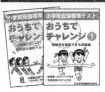

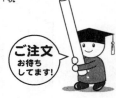

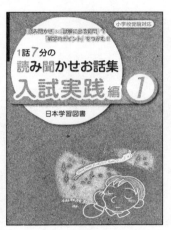

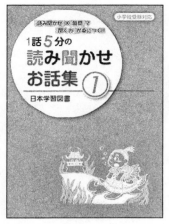

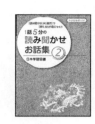

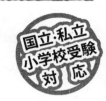

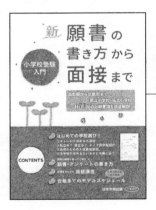

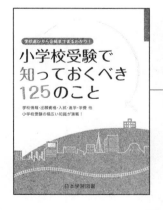

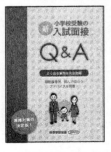

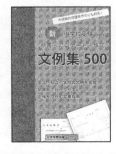

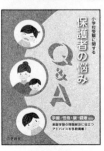